RECUEIL GÉNÉRAL
DES PIECES
OBSIDIONALES
ET
DE NÉCESSITÉ.

RECUEIL GÉNÉRAL DES PIECES OBSIDIONALES ET DE NÉCESSITÉ,

GRAVÉES DANS L'ORDRE CHRONOLOGIQUE DES ÉVÉNEMENS:

Avec l'Explication, dans l'ordre alphabétique, des Faits historiques qui ont donné lieu à leur fabrication :

A la suite desquelles se trouvent plusieurs Pieces curieuses & intéressantes, sous le titre de RÉCRÉATIONS NUMISMATIQUES.

Par feu TOBIESEN DUBY, Capitaine d'une Compagnie d'Invalides, Interprète de la Bibliothèque du Roi & de l'Amirauté.

A PARIS,

Chez la VEUVE de l'Auteur, rue des Moulins Butte S. Roch, N°. 39.

Et chez DEBURE l'aîné, Libraire de la Bibliothèque du Roi, Quai des Grands Augustins.

M. DCC. LXXXVI.

Avec Approbation & Privilége du Roi.

A MONSIEUR

DE BOULLONGNE,

Chevalier, Comte de Nogent ſur Seine, Seigneur de Montereau-faut-Yonne, &c. &c., Conſeiller d'Etat ordinaire, & au Conſeil royal, & au Conſeil royal de commerce, Commiſſaire du Roi à la Compagnie des Indes, honoraire Amateur de l'Académie de peinture & de ſculpture, &c.

MONSIEUR,

L'OUVRAGE que j'ai l'honneur de faire paroître ſous vos auſpices, vous appartient à plus d'un titre; vous en avez conçu le projet, & c'eſt pour l'exécuter que vous avez

a

formé une collection de Monnoies encore plus précieuse par le choix & la conservation que par le nombre.

Vous aviez reconnu dans feu Monsieur Duby les connoissances & les qualités propres à seconder vos vues; vous lui en aviez confié l'exécution, il s'efforçoit d'y répondre par un travail assidu; guidé par vos conseils, encouragé par l'estime que vous lui marquiez, & soutenu par vos bontés, il se flattoit de mettre bientôt la dernière main à une entreprise si intéressante, lorsqu'une mort précipitée lui a arraché la plume, & l'a privé de la satisfaction de vous rendre l'hommage qui vous étoit dû.

Dépositaire de ses intentions, & de celles de sa famille, j'espere que vous me permettrez de les remplir, en vous offrant ce juste tribut de leur reconnoissance.

Je suis avec respect,

MONSIEUR,

Votre très-humble & très-obéissant
serviteur, MICHELET D'ENNERY.

NÉCROLOGE.

NÉ en 1721 à Houſſeau, canton de Soleure, Pierre-Ancher Tobieſen Duby paſſa en 1730 en Danemarck, d'où, après avoir fait d'excellentes études dans l'Univerſité de Copenhague, il ſe rendit en France, pays qu'il adopta pour ſa patrie; ſon inclination pour le ſervice le détermina à entrer dans la Colonelle générale des Suiſſes, où il ſe comporta avec aſſez de diſtinction, pour mériter l'eſtime de ſes ſupérieurs; mais à la bataille de Fontenoy, bleſſé de deux coups de feu, il ne put ſe réſoudre à quitter le champ de bataille qu'après avoir eu la cuiſſe emportée d'un coup de canon.

L'impuiſſance de continuer ſon ſervice, le força d'entrer alors à l'Hôtel royal des Invalides: c'eſt dans cette glorieuſe & paiſible retraite qu'il chercha à étendre ſes connoiſſances, en ſe livrant plus particulièrement à l'étude des langues étrangères: c'eſt par un travail opiniâtre & par différens voyages dans les pays du nord, qu'il parvint à s'y perfectionner: c'eſt enfin le degré éminent auquel il porta ces mêmes connoiſſances, qui lui mérita le titre d'Interprête à la Bibliothèque du Roi, pour les langues angloiſe, hollandoiſe, allemande & flamande, auxquelles on réunit celles de Suede, de Danemarck, de Ruſſie & autres du nord.

Il remplit les devoirs d'une place auſſi importante avec tant de probité & d'exactitude, que le Conſeil de l'Amirauté n'héſita pas à lui confier les mêmes fonctions dans ſon département; & la façon dont il s'en acquitta pendant trente-deux années d'exercice, lui attira une entière confiance de la part des Magiſtrats & du Public, prix de l'intégrité & du deſintéreſſement.

Jamais l'ambition ne troubla la tranquillité de ſon ame, & jamais ſa modeſtie ne lui permit de faire le moindre étalage de ſes connoiſſances; il en avoit cependant de ſolides & d'utiles, puiſque, ſans rien dérober à ſes devoirs, tous ſes momens de loiſir étoient employés à l'étude & à la recherche des monnoies, où il fit les plus grands progrès: il s'attacha d'abord aux Pieces obſidionales & de néceſſité, comme plus analogues à ſon goût, & à l'état militaire auquel il s'étoit voué: cette tâche remplie avec ſuccès, il entreprit de former & de publier un Recueil plus complet qu'aucun de ceux qui avoient paru juſqu'alors des monnoies de France, ouvrage vraiment national, dans lequel il il ne s'eſt pas contenté de mettre à contribution tous les Auteurs qui en ont traité, mais il a fouillé dans les différens cabinets où il lui a été permis de pénétrer, pour vérifier les pieces originales, & s'aſſurer de leur exiſtence & de leur authenticité.

Dans le nombre de ces cabinets, aucun ne lui a été plus utile que celui de M. de Boullongne, dont il a reçu en tous tems, non ſeulement des témoignages d'eſtime & de confiance, mais encore des marques de bienfaiſance & d'encouragement qui n'ont pas peu contribué à le ſoutenir dans une carrière auſſi longue & auſſi pénible.

Le Public ſera bientôt en état d'apprécier ſes travaux, dont on lui préſente aujourd'hui une partie dans le Recueil des Pieces obſidionales gravées dans l'ordre chronologique, & dont les explications ſont alphabétiquement diſpoſées: on s'eſt permis d'y joindre, ſous le titre de Récréations numiſmatiques, quelques Médailles & Monnoies rares ou ſingulières, dont le rapprochement augmente l'intérêt: cette première partie ſera immédiatement ſuivie de l'édition d'un autre Recueil, dans l'ordre alphabétique, de tous les Barons de France, dénomination qui comprend, non ſeulement les Monnoies frappées par les grands Vaſſaux de la Couronne, mais encore celles des Seigneurs eccléſsiastiques & séculiers qui, dans le tems de la féodalité, s'étoient emparés de ce droit purement régalien, objet qui entre essentiellement dans l'histoire de la monarchie; enfin les Monnoies de la premiere, de la seconde & de la troisieme race de nos Rois, formeront la derniere partie des productions posthumes de l'Auteur, à qui une mort subite n'a pas laissé le tems de pousser plus loin ses recherches.

Cet accident, arrivé le 19 Novembre 1782, a laissé à sa famille un bon père à pleurer, à la société un homme estimable & modeste à regretter, & aux sciences un vide difficile à remplir.

La vérité se réunit, dans ce moment, à l'amitié pour jeter cette derniere fleur sur la tombe d'un homme d'un vrai mérite.

PRÉFACE.

DANS le cours d'une longue guerre, la fortune, contraire à l'un ou à l'autre parti, les a ſouvent réduits à faire frapper des monnoies de deux eſpeces : celles qui ont été frappées dans une place ou ville aſſiégée, ſe nomment *Nummi obſidionales*, c'eſt-à-dire, Pieces obſidionales, du mot latin *obſidio*, ſiége.

Et celles qui ſe frappent pour la ſolde des armées ſont appelées *Nummi caſtrenſes*, ou Pieces de néceſſité. Cette dénomination latine vient de *caſtra*, camps.

C'eſt improprement qu'on donne à ces ſortes de Pieces le nom de Monnoies, puiſqu'elles n'ont cours que dans le cas où la caiſſe militaire vient à manquer, & pour ſuppléer aux beſoins les plus preſſans : leur valeur éphémère ceſſe avec la néceſſité.

On ne doit donc les enviſager ni comme Médailles;

ni comme Jetons, mais comme des Pieces néceſſitées par les circonſtances, & frappées ſous le bon plaiſir du Souverain, ou du conſentement du Gouverneur & de la ville aſſiégée : la biſarrerie de leurs formes irrégulières n'eſt pas moins variée que le choix de leur matière, puiſqu'il s'en trouve en or, argent, cuivre, étain, plomb ; même en cuir, papier & carton : ce ſont quelquefois de ſimples empreintes ſur la cire ou ſur le pain à cacheter : les unes ſont rondes, quarrées ou octogones, les autres de formes priſes au haſard & à la hâte.

Les légendes ſervent ſouvent à faire connoître les fâcheuſes circonſtances qui les ont fait frapper ſur la matière la plus commune, après avoir conſommé les plus précieuſes, l'or & l'argent. Telle eſt, entr'autres, l'inſcription des pieces qui furent frappés à Ypres en 1583 : *Quid non cogit neceſſitas ?* A quoi ne réduit point la néceſſité ? Celle de Deventer : *Urgente neceſſitate Daventrie*, pendant l'urgente néceſſité de Deventer ; celle de Breda : *Neceſſitatis ergo*, par néceſſité ; & beaucoup d'autres qui, outre de pareilles légendes, & le milléſime, portent quelquefois les armes de la ville ou du Gouverneur.

Après la levée d'un long ſiége, ou à la paix, on échange ces Pieces contre la monnoie courante du Souverain, ſuivant

ſuivant leurs différentes valeurs convenues entre le Gouverneur, la garniſon & les bourgeois.

Le marquis de Surville, Gouverneur de Tournay, pendant le ſiége de cette ville, en 1709, fut le premier & le ſeul qui ait oſé faire graver ſon effigie ſur les Pieces obſidionales qu'il fit frapper avec ſa vaiſſelle d'argent. Ce procédé déplut à la Cour de France, & l'Académie royale des Inſcriptions *(a)*, conſultée à ce ſujet par les Miniſtres, allégua, en faveur du marquis de Surville, que ces ſortes de Pieces ne pouvoient jamais être appelées Monnoies qu'improprement, parce qu'elles ne devoient être véritablement enviſagées que comme des méreaux, des gages publics & des obligations contractées forcément par un Gouverneur aſſiégé; que ces Pieces n'avoient aucune force de loi; que la poſtérité ne verroit en elles que des Médailles frappées pour le beſoin preſſant, & pour éterniſer la gloire du Prince, faire honneur à ſes troupes & à celui que le Roi avoit choiſi pour les commander dans la défenſe d'une place toujours importante; qu'enfin ces Pieces ne pouvoient préjudicier, en aucune manière, au droit inconteſtable de battre monnoie, qui ſeul appartient à la

(a) *Voyez* Hiſtoire & Mémoires, Tome I, p. 348, édition d'Amſterdam.

Couronne. (M. de Boze a fait une excellente dissertation sur ce sujet.)

J'ai aussi mis au rang des Pieces obsidionales & de nécessité, certaines Monnoies courantes, dont le prix, dans des momens urgens, haussoit & baissoit selon les circonstances, comme on peut s'en convaincre par celles de Harlem & de Steenwyk.

Nous savons que les Romains avoient affoibli leurs monnoies dans leurs première & seconde guerres puniques.

Budelius, Lib. I, p. 8; Crusius, P. III, Lib. II, p. 63; & Klotz, p. 48, ont écrit que l'Empereur Fréderic II, dans la guerre qu'il eut à soutenir contre les Italiens en 1241 & 1247, se servit de cuir pour monnoies, où d'un côté étoit le portrait de cet Empereur, & au revers l'aigle de l'Empire.

Le même Budelius, Lib. I, p. 7, prétend que pendant la prison du Roi Jean, en 1356, on se servit en France de Monnoies de cuir, mais ce fait a été victorieusement réfuté par Molinoeus.

M'étant dévoué au genre de littérature des Monnoies anciennes & modernes, j'ai, à titre d'ancien militaire, & par goût, rassemblé toutes les Pieces obsidionales & de néceſſité, qui étoient diſperſées dans différens auteurs; j'en ai rapproché beaucoup d'autres éparſes dans pluſieurs cabinets, & qui juſqu'à préſent n'étoient point connues par la gravure; je les ai fait graver toutes, & y ai joint un abrégé hiſtorique des ſiéges & guerres à l'occaſion deſquels elles ont été frappées, ainſi que quelques anecdotes échappées à nos hiſtoriens; elles pourront intéreſſer les jeunes militaires, & leur inſpirer, par les faits qu'ils y trouveront, le deſir de marcher à la gloire, comme les Turenne & autres héros, dont ces Pieces obſidionales ont immortaliſé la mémoire.

La première Piece obſidionale que je connoiſſe, eſt celle de Tournay en 1521, ſous François Premier.

Etant parvenu à former dix-neuf planches de Pieces obſidionales, rangées par ordre chronologique, j'en ai ajouté, par forme de ſupplément, huit autres de celles que j'ai trouvées depuis, tant en nature que dans la lecture de pluſieurs Auteurs authentiques, dont j'ai ſouvent emprunté les propres termes, pour rendre un compte plus exact de tous les faits qui ont donné lieu à la fabrication des Pieces dont il s'agit.

Et pour la facilité du lecteur, j'ai donné l'explication tant des légendes que des monogrammes, avec l'indication de la matière sur laquelle ces Monnoies sont frappées ; exemple significatif, *AV.* or, *AR* argent, Æ cuivre, E étain, B billon, P plomb, PP, papier, ℞ revers ; enfin *en nature* veut dire que les pieces ont appartenu à l'auteur de cet ouvrage.

PIECES OBSIDIONALES ET DE NÉCESSITÉ.

AIRE,

Assiégée par les François, 1641.

ARIA & ÆRIA, ville très-forte des Pays-bas dans le comté d'Artois, avec un château sur la Lis.

Le Maréchal de la Meilleraie ayant rassemblé les troupes Françoises sur les frontieres d'Artois, se rendit maître de différens forts dans le voisinage d'Aire. Après avoir investi cette place, il ouvrit la tranchée le 25 Mai, sans être inquiété par les Espagnols. Le Gouverneur Bernovitte défendoit la place avec autant de valeur que de conduite, à la tête d'une garnison de plus de deux mille hommes. Les troupes Espagnoles s'assemblerent près de Saint-Omer, & furent jointes par le Cardinal Infant, qui marcha vers Aire, dans la résolution d'attaquer les lignes des François. Il s'y présenta le 22 Juin, & fit ramasser une grande quantité de fascines pour combler les retranchemens; mais trouvant les ennemis sur leurs gardes, il prit la résolution d'attendre le secours que lui amenoit le général Lamboy. Les François, informés de ce dessein, pousserent le siége avec tant de vivacité, que le Gouverneur envoya le 26 Juillet pour traiter de la capitulation. Il en obtint une très-honorable : le jour suivant la garnison sortit de la place. Pendant le siége les deux pieces suivantes furent frappées par ordre du Gouverneur pour payer sa garnison.

Pl. XII, N°. 8. La premiere porte *Philippus IV, Rex, pater patriæ, Aria obsessa, 1641*. II. Elle est d'argent, & pese 1 gros ½ 9 grains. La valeur est de deux livres : Van Loon, Tom. II, p. 253, Cab. de M. de Boullongne.

N°. 9. La seconde porte la même Inscription, & le chiffre I, qui est la valeur d'une livre. Elle est aussi d'argent, & pese 1 gros 9 grains, *ibid*.

Assiégée par les Espagnols en la même année.

La perte d'Aire fut très-sensible au Cardinal Ferdinand, d'autant plus que la ville s'étoit à peine rendue, que par sa jonction avec Lamboy il se vit à la tête d'environ quarante mille hommes de troupes choisies. Le Cardinal prit la résolution de couper les vivres aux François; il y réussit, & les réduisit à une telle disette, qu'ils se retirerent à Theroüanne, laissant dans la ville une garnison de trois mille hommes sous le gouverneur Aigueberre. Ferdinand, résolu de se remettre en possession de la place à quelque prix que ce fût, fit des attaques si vives, que le Gouverneur fut obligé de capituler le 7 Décembre. Aigueberre livra la ville à Don Francisco de Melo, à qui le Cardinal avoit donné la conduite du siége, vers la fin d'Octobre, & conduisit sa garnison à Hesdin. Pendant le siége, d'Aigueberre, suivant l'exemple du Gouverneur espagnol, fit frapper la piece suivante, pour payer la garnison.

Elle porte : *Ludovicus XIII, Rex pius, justus, invictus. Aria uno anno bis obsessa.* (Louis XIII, Roi pieux, juste, invincible. Aire assiégée deux fois en une année) 1641. Sans revers. Elle est d'argent, & pese 2 gros $\frac{1}{2}$. Cabinet de M. de Boullongne. Van Loon, Tom. II, p. 254. Pl. XIII. N°. 1.

Assiégée par les Alliés, 1710.

Après la prise de Douai, de Bethune & de Saint-Venant, les Alliés résolurent d'investir la ville d'Aire. Le Prince d'Anhalt-Dessau, chargé du siége, fit ouvrir la tranchée la nuit du 12 au 13 Septembre. M. de Guebriant, gouverneur de la place, fit toutes les dispositions nécessaires pour une vigoureuse défense, & dans la crainte de manquer d'argent, il fit couper sa vaisselle pour en fabriquer des pieces. Néanmoins les Alliés, après avoir emporté le chemin couvert, & comblé le fossé, forcerent la garnison à battre la chamade le 8 Novembre entre cinq & six heures du soir; elle sortit le 11 avec les honneurs militaires. Van Loon Tom. V, p. 170.

Cette piece est marquée aux armes du Gouverneur, qui par- Pl. XIX. N°. 2.

tagent en deux le millésime 17-10. *Aria obsessa, pro Rege & Patriâ* (pendant le siége d'Aire, pour le Roi & pour la Patrie). Les chiffres 50 dénotent la valeur de 50 sols. Sans revers. Elle est d'argent, & pese 4 gros 6 grains. Cabinet de M. de Boullongne.

Pl. XIX. N°. 2.

N°. 3. Celle-ci est semblable à la précédente, excepté que l'année se trouve au-dessous de l'écu, & qu'elle n'est que de 25 sols. Elle pese 2 gros moins 2 grains. Cab. de M. Pagnon d'Isjonval.

ALBERT,

COMTE DE MANSFELD.

Guerre de Smalcalde, 1547.

Le Comte ayant appris que Jean-Georges, son parent, avoit, avec ses freres, embrassé le parti de l'Empereur, & qu'avec l'aide de Maurice, Duc de Saxe, il avoit envahi les provinces de l'Electeur Jean Frédéric, chef de la ligue de Smalcalde, formée par les protestans, attaqua à l'improviste la ville d'Eislebe, s'empara du château & força la place à se rendre. L'Electeur bombarda Leipsic, fit prisonnier le Marquis Albert, reprit tout ce qu'il avoit perdu dans la Thuringe & la Misnie, & dépouilla Maurice de toutes ses villes, excepté Leipsic & Dresde. *Voyez Sleidan. Chronicon Mansfeldicum Sparigenbergii, & Dresserus.*

Pl. I. N°. 10. Cette piece de nécessité fut frappée pendant cette guerre. Elle porte: *Albert, Graf zu Mansfeld* (Albert, Comte de Mansfeld). Ses armes, 1547. Elle est d'argent, & pese 6 gros 2 grains, ayant eu cours pour une rixdale. Luckius, p. 123. Joachimi, P. I, p. 127. Kohler, T. XVI, p. 14.

ALBERT,

ALBERT,

MARGRAVE DE BRANDEBOURG-CULMBACH.

Guerre au sujet de la pacification de Passau, 1552.

L'EMPEREUR CHARLES-QUINT ayant conclu un traité de paix avec les Princes de l'Empire à Passau en l'année 1552, se rendit à Insprunck, & de là à Augsbourg. Il accorda la liberté à Jean Frédéric, Duc de Saxe, qui avoit été long-tems prisonnier. Le Marquis de Brandebourg, mécontent de la pacification, & plein de confiance en l'alliance de la France & en la valeur de son armée, força la ville de Nuremberg & les Evêques de Bamberg & Wurtzbourg à lui payer de fortes contributions; après avoir traité de même l'Archevêché de Mayence, il s'empara de Worms & de Spire. On croit que pendant le tems qu'il ravagea ainsi l'Allemagne, Les pieces suivantes furent frappées pour payer ses troupes.

La premiere porte : *Albert Margraf zu Brandebourg* (Albert
Margrave de Brandebourg). Un aigle, armes de Brandebourg, Pl. XXII. N°. 5.
plastroné de celles de Hohenzollern. 1552. Mieris en a cité une demie.

On trouve sur la seconde les mêmes lettres, mais sans l'aigle, N°. 6.
& avec quelque différence. 1553.

Voyez Luckius, p. 146. Kohler, Tom. III, p. 409; T. IX, p. 249 & 257. Mieris, T. III, p. 302. Klotz, p. 53.

ALCMAR,

Assiégée par les Espagnols, 1573.

ALCMARIA, ville des Provinces-unies dans la Westfrise. Don Frédéric voulut surprendre le 21 Août la ville d'Alcmar, avec environ ſeize mille hommes ; mais ayant trouvé les portes fermées, & les bourgeois déterminés à une défenſe opiniâtre, il fut obligé d'entreprendre le ſiége. La garniſon & les habitans firent paroître tant de courage, que don Frédéric fut obligé le 11 Octobre de le lever honteuſement. Pour remédier à la rareté de l'argent, ils firent frapper vers la fin de Septembre des pieces d'étain pour la valeur de dix mille francs. Elles étoient d'un, de ſix, de treize & de trente ſols, & on les donna aux ſoldats, avec promeſſe de les échanger après le ſiége.

Pl. III. N°. 3. Cette piece repréſente le ſceau de la ville, qu'on y a mis apparemment, faute d'autre coin. Au milieu eſt une tour, armes de la ville d'Alcmar. On y lit cette inſcription défectueuſe, qui eſt ſans doute de vieille date, & faite dans un tems d'ignorance, auſſi bien que le ſceau même : *Sigillum de Alcmar.* Van Loon, T. I, p. 165.

N°. 4. Celle-ci offre aux yeux une tour, armes d'Alcmar, & au milieu l'an (15)73, *ibid.*

N°. 5. Un A au-deſſus d'une tour, armes de la ville, avec l'année 15-73. Au revers on trouve encore un A, & au-deſſus on voit en chiffres romains VI, qui marquent que cette piece a eu cours pour 6 ſols, *ibid.*

N°. 6. On ne voit que les armes de la ville d'Alcmar entre les lettres I S, qui ſignifient un ſol, *ibid.*

AMSTERDAM,

Bloquée par les troupes des Etats, 1578.

Amsterodamum & Amstelodamum, ville des Provinces-unies, capitale de tous les Pays-bas Hollandois, de la Hollande ſeptentrionale & de l'Amſtelland, au confluent des rivieres d'Amſtel & de l'Y. Les Etats de Hollande conclurent le 8 Février 1578, par la médiation des Etats d'Utrecht, un traité avec ceux d'Amſterdam, qui juſques-là s'étoient tenus attachés au parti des Eſpagnols. Pour forcer cette ville à recevoir le Prince d'Orange, les troupes des Etats l'avoient tenue bloquée. Les habitans pendant le blocus, furent obligés de faire fondre le 6 Décembre de l'année précédente, une image d'argent de S. Nicolas, qu'on honoroit en qualité de Patron de la ville, & qui peſoit cinquante trois marcs. Outre cette image, les Magiſtrats avoient fait mettre à la fonte les chandeliers d'argent, les lampes & les vaſes de l'égliſe de Notre-Dame, à préſent l'Egliſe-Neuve. De cet argent on fit différentes ſortes de pieces de néceſſité. Le 3 Février la valeur de ces pieces fut rehauſſée d'un cinquieme, & les Magiſtrats promirent de les échanger pour le même prix dans l'eſpace d'un an.

Cette piece, qui étoit de la valeur de cinq ſols, repréſente les armes de la ville d'Amſterdam, au-deſſous deſquelles ſont l'année 1578, & le chiffre V (ſols). On trouve dans la partie ſupérieure de cette piece, ainſi que ſur les ſuivantes, de petites marques, qui ſont vraiſemblablement celles des Magiſtrats qui préſidoient lors de la fabrique. Van Loon, T. I, p. 249. Pl. VI. N°. 9.

Nota. Cette ville avoit autrefois pour armes un vaiſſeau ſans gouvernail; mais ayant rendu des ſervices importans à Maximilien I, elle reçut de lui, le 10 Février 1488, le privilége de mettre ſur ſes armes la couronne impériale.

Celle-ci eſt du même coin, mais plus grande; elle valoit 20 ſols, *ibid.* N°. 10.

Même coin & de la valeur de 10 ſols, *ibid.* N°. 11.

Autre du même coin, & de la valeur de 40 ſols, *ibid.* N°. 12.

Pl. VII. N°. 1. Celle-ci valoit auſſi 40 ſols. Sur ſon revers ſe trouve, au milieu d'une couronne civique, l'Inſcription ſuivante: *Pro aris & focis.* (pour la religion & la patrie) *ibid.*

N°. 2. Elle eſt ſans revers, & on n'y voit que les armes d'Amſterdam couronnées, avec ſa valeur de V ſols, & l'année 1578, *ibid.*

N°. 3. Autre de la valeur de X ſols, *ibid.*

N°. 4. Celle-ci porte les armes d'Amſterdam couronnées, ſans ſupport, avec la valeur de XX ſols, & l'année 1578. Au revers on trouve la même Inſcription qu'au N°. I, *ibid.*

M. de Boullongne en a une pareille, excepté qu'il y a en haut un autre timbre ₰ : elle eſt d'argent, & peſe 3 gros ½.

BARCELONE,

Aſſiégée par les Eſpagnols, 1652.

Barcelona ou Barcinona, ville maritime d'Eſpagne, dans la Principauté de Catalogne, dont elle eſt la capitale. On croit qu'elle fut fondée 250 ans avant l'ère vulgaire par Hamilcar Barca, Général des Carthaginois. Elle fut priſe par les Goths du tems du Roi Atolphe. Les Maures l'enleverent aux Goths avec le reſte de l'Eſpagne, & Louis, Roi d'Aquitaine, s'en rendit maître en 801.

L'Eſpagne fut enſuite partagée en pluſieurs royaumes, qui furent à la fin réunis.

La ſouveraineté de nos Rois ſur ce pays (Barcelone) dura cinq cens ans, juſqu'au XI Mai 1258, que S. Louis la céda à Jacques Roi d'Aragon. Marca Hiſpan, l. 4, col. 534.

Sur la fin de l'année 1640, la Catalogne révoltée contre l'Eſpagne, ſe mit ſous la protection de la France. Les troubles de ce ce royaume donnerent de grands avantages aux Espagnols. Le 13 Octobre 1652 ils reprirent Barcelone après quinze mois de siége, pendant lequel les François firent frapper les deux pieces suivantes.

Ludovicus XIV, Dei gratiâ Rex Franciæ, Comes Barcinonæ (Louis XIIII, par la grâce de Dieu, Roi de France, Comte de Barcelone) 1652. Dans le champ X Reaux ℞. *Barcinona civitas obsessa.* Les armes de Barcelone. Le Blanc, cab. de M. de Boullongne. Elle est d'argent & pese 44 grains. Pl. XVI. N°. 7.

Ludovicus XIIII, Dei gratiâ Rex Francorum & Comes Barcinonæ (Louis XIIII, par la grâce de Dieu, Roi de France & Comte de Barcelone) 1652 ℞. *Barcinona civitas*......... Les armes de Barcelone. Le Blanc, p. 386. Pl. XXIV. N°. 9.

BERG-OP-ZOOM,

Assiégée par les Espagnols, 1588.

Bergæ-ad-Zomam, ville des Pays-bas dans le Brabant Hollandois, & dans le marquisat de même nom. Elle est petite, mais l'une des plus fortes places des Pays-bas. Le Prince de Parme forma le dessein de prendre cette ville, & de délivrer par là les Brabançons des courses continuelles de la garnison. Il l'investit le 24 Septembre. Morgan, colonel Anglois, y commandoit. Le courage des habitans & la vigoureuse défense de la garnison obligerent Farnese de lever le siége; il se retira à Bruxelles. On célébra dans la ville un jour d'actions de graces le 16 Novembre.

Cette piece, qui est d'or, fut frappée après le siége, pour récompenser la valeur des officiers. Pl. X. N°. 1.

Elle a d'un côté les armes de la ville, entourées d'une couronne de laurier, & de l'autre cette inscription : *Deus optimus, maximus, obsidione liberavit Bergen.-ad-Zomam anno 1588, 13 Novembris.*

Il y en a une autre du même coin, mais plus grande. *Voy.* Van-Loon, Hist. metal. Tom. I, p. 390.

BOMMEL,

Assiégée par les Espagnols, 1599.

Boemella ou Bommelia, belle & forte ville des Povinces-unies au duché de Gueldre.

Mendoça, après avoir levé le siége du fort de Schenck, passa la Meuse, & entra avec les troupes Espagnoles dans l'île de Bommel. Le Prince Maurice en étant averti, vola de ce côté, & fit tout disposer pour une vigoureuse défense. La nécessité porta dans cette occasion ceux de Bommel à faire frapper des pieces pour payer les soldats. On employa de part & d'autre toutes les ressources de l'art militaire; Maurice fit élever un fort, auquel les Espagnols donnerent un furieux assaut; mais ils furent forcés de se retirer avec perte de sept cens hommes. Mendoça voyant la résistance opiniâtre des habitans, fut forcé de renoncer à son entreprise.

Pl. X, N°. 10. Cette piece présente les armes de Bommel avec cette légende : *Moneta nova facta Boeme* (nouvelle monnoie faite à Bommel). ℟. *duræ necessitatis opus* (effet d'une dure nécessité). Van Loon, Part I, p. 516.

Nota. Klotz, page 105, dit que Van Loon a oublié de mettre après Boeme *S. tri.* (*stuverorum trigenta*, 30 sols), ce qui paroît vraisemblable, à cause de la place vide qui s'y trouve.

N°. 11. Celle-ci offre aux yeux les mêmes armes & légendes, mais elle est d'un coin différent & en lozange, *ibid.*

Klotz, à l'endroit cité, rapporte que dans les Remarques historiques de Hambourg il se trouve une troisieme piece portant pour légende : *Brachium meum confortabit eos* (mon bras leur donnera la force).

BONN,

Assiégée par Ernest de Baviere, & par les Espagnols, 1583.

Bonna, ville très-forte dans l'Electorat de Cologne sur le Rhin, résidence ordinaire de l'Electeur.

Gebhard Truxes, neveu par son pere du Cardinal Otthon, succéda dans l'Electorat à Salentin d'Isenbourg. Etant venu au Congrès de Cologne avec quatre députés de l'Empereur, il y vit Agnès de Mansfeld, religieuse & chanoinesse de Girresheim, des charmes de laquelle il fut tellement épris, qu'il l'épousa publiquement. Cette conduite indisposa les Comtes de Mansfeld ; des murmures s'éleverent dans toute l'Allemagne ; il fut excommunié par le Pape, & mis au ban de l'empire par l'Empereur. Ernest de Baviere fut élu Electeur à sa place. Comme Truxes avoit embrassé la religion protestante, il se fia aux secours que lui avoient promis les Princes protestans ; mais le nouvel Electeur s'empara de toutes les places, excepté celle de Bonn, où commandoit le frere de Truxes. Jean Manriquez, qui avoit été envoyé par Farnese au secours du nouvel Electeur, trouva le moyen de faire connoître à la garnison de la place l'édit de l'Empereur, elle se révolta, mit en prison le frere de Gebhard, & rendit la ville en 1584.

Pendant le siége on frappa des pieces de nécessité en argent.

Il y a sur celle-ci, dans le coin en haut, un G, lettre initiale Pl. IX, N°. 8. du nom de l'Electeur : sous cette lettre sont les armes de l'Archevêché de Cologne, & sur le tout celles de la Maison de Truxes.

On voit en haut un B (*Bonna*) (15)83. Van Loon, T. I, p. 335. Kohler, T. I, p. 297.

La piece que nous donne Kohler à l'endroit cité, a quatre G dans les quatre angles.

Il y a deux autres pieces du même coin, mais plus petites.

BOUCHAIN,

Assiégée par les Alliés, 1711.

BUCCINIUM, ville forte des Pays-bas dans le Hainaut, bâtie par le roi Pepin. Les Alliés, sous le commandement du Duc de Marlborough, ayant passé la riviere de Senset, le Baron Fagel investit cette ville le 11 Août avec trente bataillons & douze escadrons. La tranchée fut ouverte la nuit du 21 au 22. M. de Selve commandoit dans la ville avec une garnison de huit bataillons & six cens Suisses. La place étoit assez bien munie de tout ce qui lui étoit nécessaire. M. de Ravignan se jeta dans la ville pour y commander les troupes avec M. d'Affry, colonel Suisse, & cinq cens grenadiers. Le 12 Septembre M. de Ravignan & M. de Selve voyant les ennemis prêts à donner l'assaut, firent battre la chamade sur les deux heures après midi, & la ville fut rendue à la vue du Maréchal de Villars. Ce fut là le dernier exploit du fameux Duc de Marlboroug.

Pl. XIX, N°. 4. Cette piece faite de cartes à jouer, a été frappée pendant le siége pour payer la garnison : elle porte un cachet aux armes du Gouverneur, & au revers le nom *d'Affry M*, avec les chiffres IIIII aux quatre coins, probablement pour marquer la valeur de 5 sols. Van Loon, T. V, p. 187.

N°. 5. Celle-ci est aussi faite de cartes à jouer. D'un côté on voit un un cachet de cire rouge qui repréſente un cupidon portant une lanterne ſourde avec cette déviſe : *Sans éclat;* & de l'autre, aux quatre coins le nombre XXV, qui fait voir que ces pieces ont valu 25 ſols, & au milieu *d'Affry M.* Van Loon, *ibid.*

BRAUNAU,

Aſſiégée par les Autrichiens, 1742. Guerre au ſujet de l'élection de Charles VII, Electeur de Baviere.

BRAUNODUNUM, ville dans la baſſe Baviere ſur la riviere d'Inn: elle eſt très-fortifiée.

Le Prince Charles de Lorraine l'aſſiégea vers la fin de Novembre 1742, & la battit à boulets rouges. Le Comte Minuzzi en étoit Gouverneur, & ſe défendit avec tant de valeur, que les Autrichiens furent obligés de lever le ſiége; mais l'année ſuivante, après la convention faite dans le couvent de Schonfelden entre le Duc de Seckendorff & le Prince Charles de Lorraine, elle fut remiſe le premier Juillet aux Autrichiens.

Pendant le ſiége on frappa les deux pieces ſuivantes, afin de pouvoir payer la garniſon.

La premiere eſt octogone & d'étain. On voit en haut *Brau H nau;* Pl. XIX, N°. 11.
à droite *L auxilium F;* & à gauche *Z à nobis S.* Les lettres initiales doivent ainſi être expliquées : *Ludwig-Friderich Hertzog zu Sachſen* (Louis-Fréderic Duc de Saxe Hilbourghouſe, qui étoit Commandant de la ville). Au milieu ſont les armes de Saxe ſurmontées d'une couronne de Prince, entre deux palmes, avec le milléſime 1743. Au bas le chiffre 15, qui dénote la valeur de quinze creutzers, & les quatre lettres J. M. S. F. qui doivent être le nom du graveur. C. A. Klotzius, p. 129.

Pl. XIX, N°. 12. Celle-ci eſt auſſi d'étain & de la valeur de 3 creutzers. On voit les armes de Saxe, & l'année 1743. La légende eſt : *Braunau den 9 mei* (Braunau le 9 Mai) *ibid.*

BREDA,

Aſſiégée par les Etats de Hollande en 1577.

Breda, ville très-forte des Pays-bas au Brabant Hollandois. Les Etats de Hollande firent aſſiéger par leurs troupes, commandées par le Comte de Hohenlo & par le Seigneur de Champaigney, la ville de Breda dont la garniſon s'étoit déclarée pour Don Juan. Le Commandant de la ville envoya au Gouverneur général un capitaine, pour ſavoir comment il devoit ſe conduire. Cet officier fut pris en revenant de Namur; on trouva ſur lui un billet de don Juan à Frondsberg, dans lequel il lui promettoit de le ſecourir dans deux mois. Le Prince d'Orange ſut ſi bien gagner l'eſprit de cet officier, qu'il l'engagea à ſe ranger de ſon côté, & à porter dans la ville aſſiégée un billet ſuppoſé, qui, faiſant perdre au Gouverneur toute eſpérance de ſecours, l'exhortoit à capituler avec le Prince d'Orange. Cette ruſe fit un tel effet, que le 4 Octobre la ville ſe rendit.

Pendant ce ſiége on avoit frappé les pieces de néceſſité ſuivantes, tant en plomb & en cuivre qu'en étain & en argent.

Pl. VI, N°. 2. Cette piece eſt de plomb. Au milieu ſont les armes de Breda, du côté droit une tour, & du côté gauche les armes d'Orange, ce qui marque apparemment que dans la ſuite ces pieces ont été échangées par ordre du Prince. L'inſcription hollandoiſe eſt : *In der noot Breda, anno 1577* (dans la néceſſité de Breda l'an 1577). Van Loon, T. I, p. 233.

Celle-ci eſt d'argent. Au milieu on voit les armes de Breda, au-deſſus deſquelles ſe trouvent dans un petit écuſſon les armes d'Orange. Même inſcription, *ibid.* Pl. VI, N°. 3.

Elle eſt de plomb. Au milieu le nom de la ville, & en haut les armes d'Orange, avec cette légende, *Neceſſitatis ergo* (à cauſe de la néceſſité) 1577, *ibid.* N°. 4.

Celle-ci eſt d'argent, & avoit cours pour un florin, comme on le voit par les chiffres XX (ſols). A droite les armes d'Orange, en haut une tour, & à gauche une fleur de lys, avec cette légende: *In neceſſitate Bredæ* (dans la néceſſité de Breda) 1577, *ibid.* N°. 5.

Autre d'argent qui valoit deux florins, comme il paroît par le chiffre Z. En haut une fleur de lys, à droite les armes d'Orange, & à gauche celles de la ville. Légende: *Bredæ neceſſitatis ergo*, (à cauſe de la néceſſité de Breda) 1577, *ibid.* N°. 6.

Aſſiégée par les Eſpagnols, 1624.

Le Marquis de Spinola, Général des Eſpagnols, inveſtit Breda à l'improviſte vers la fin de Juillet 1624. Juſtin de Naſſau, fils naturel de Guillaume I, Prince d'Orange, étoit Gouverneur de la ville, qui ſe trouvoit très-mal pourvue de vivres & de munitions. Le Gouverneur ſe défendit avec la plus grande bravoure, & les magiſtrats emprunterent tout l'argent comptant des bourgeois pour fournir des moyens à ce brave Gouverneur; mais lorſqu'au commencement de l'année ſuivante 1625 cette ſource fut tarie, il obligea les capitaines de donner leur vaiſſelle, dont il fit frapper les pieces ſuivantes. Les aſſiégés n'ayant reçu aucun ſecours, furent obligés de capituler, & la garniſon ſortit avec les honneurs de la guerre le 5 Juillet de la même année.

Cette piece eut cours pour 40 ſols, comme il paroît par les Pl. XI, N°. 9.

chiffres qui ſe trouvent en haut ; du côté droit ſont les armes d'Orange, du côté gauche celles de la ville aſſiégée, & au bas une roſette. On voit au milieu le lion Belgique, & autour : *Breda obſeſſa* (Breda aſſiégée) 1625. Van Loon, T. II, p. 156.

Il y a une autre piece plus grande & du même coin, excepté qu'il y a en haut 60, qui dénote la valeur de 60 ſols. Van Loon, *ibid.*

Pl. XI, N°. 10. Celle-ci eſt d'argent & de la valeur de vingt ſols. On lit autour des armes de la ville : *Breda obſeſſa*, 1625. Cette piece peſe 1 gros 12 grains. Van Loon, *ibid.* Cab. de M. de Boullongne.

N°. 11. Autre d'argent & de la même valeur que celle du N°. 9, dont elle ne differe qu'en ce qu'au lieu du lion Belgique, elle porte les armes du prince Maurice, comme Seigneur de Breda, ayant à chaque côté les armes de la ville, *ibid.*

N°. 12. Cette piece eſt de cuivre : elle valoit 1 ſol, comme il paroît par le chiffre 1 qui eſt en haut. On y voit auſſi 1625, & les armes de la ville : vers le bas, 1 ſol, *ibid.*

N°. 13. Celle-ci eſt encore de cuivre, & avoit cours pour 2 ſols. Même coin que le précédent.

BRISACH,

Aſſiégée par les Suédois, 1633.

BRISACUS MONS, ville d'Allemagne, autrefois capitale du Briſgaw, & impériale.

Les Impériaux ayant en 1732 quitté l'Alſace & le Briſgaw, pour faire une invaſion dans le pays de Wurtemberg, le Duc de ce pays appela à ſon ſecours le Général Suédois, Guſtave Horn, qui ſe trouvoit alors avec ſes troupes ſur le Rhin. Horn obligea Montecuculli,

Montecuculli, Général pour l'Empereur, de repasser le Rhin, & ayant trouvé le pays d'Alsace à son goût, il s'y établit & s'empara de plusieurs places : y ayant laissé des garnisons suffisantes, il fit bloquer au commencement de 1633 la ville de Brisach, qu'on assiégea dans les formes au mois d'Août, sous la conduite d'Otton-Louis, Rhingrave ; mais le Duc de Feria, qui étoit venu d'Italie avec ses troupes, ayant joint l'armée impériale, ce Rhingrave fut obligé de lever le siége le 11 Octobre.

Cette piece est d'argent, & pese 4 gros 2 grains. On y voit les armes d'Autriche, d'Alsace & de Brisach ; en haut l'année 1633, & vers le bas XLVIII. (48 batzs). ℞. *Moneta vastatæ Alsatiæ & Brisiacæ index* (monnoie, qui représente la dévastation de l'Alsace & de Brisach). Kohler, Part. I, p. 289. Klotz, p. 113. Cab. de M. de Boullongne. Pl. XII, N°. 5.

Celle-ci est aussi d'argent, & pese 4 gros 21 grains. Au milieu se trouvent les armes de Brisach avec cette légende : *Moneta nova Brisacensis* (nouvelle monnoie de Brisach). Au bas XLVIII. (48 batz). Elle est sans revers, & a été frappée pour la même occasion. N°. 6.

BRUXELLES,

Bloquée par les Espagnols en 1579 & 1580.

Bruxellas, ville des Pays-bas, capitale du Brabant.

Philippe d'Egmont, fils aîné de l'infortuné Lamoral, ayant résolu d'abandonner le parti des Etats Généraux, & de s'attacher aux Espagnols, forma le dessein, pour prouver son dévouement, de leur livrer la ville de Bruxelles ; mais son entreprise ayant été découverte, il fut obligé de capituler & de quitter la ville. Cependant toute communication étoit interceptée, la ville bloquée &

réduite à la derniere néceffité. Les Magiftrats que le Prince d'Orange avoit choifis parmi les proteftans, fe virent contraints de fe fervir de l'argenterie des églifes; ils en firent frapper à la fin de cette année & au commencement de la fuivante, les pieces ci-après.

Pl. VIII, N°. 2. Celle-ci frappée à la fin de l'année 1579, a eu cours pour trente-fix fols, ce qui paroît par les chiffres *36 ftuyvers* (36 fols), qui font au-deffus des armes de cette ville. Dans le champ on voit l'année 1579. La légende, qui tend à perfuader aux bourgeois de fe roidir contre la mifere qui les menaçoit, eft celle-ci : *Perfer & obdura Bruxella* (fouffre & perfévere Bruxelles). Elle eft d'argent, & pefe 6 gros 34 grains. Cabinet de M. d'Isjonval.

N°. 3. Cette piece a été frappée au commencement de l'année 1580. Elle eft plus petite que la précédente, & valoit 18 fols. Au refte, elle eft de pareil coin, en argent, & pefe trois gros 17 grains. Cab. de M. d'Isjonval.

Affiégée par les Efpagnols en 1584.

Le Prince de Parme avoit bloqué la ville de Bruxelles, qui étoit très-mal pourvue de vivres, quoique plufieurs chariots chargés de bled & d'autres provifions, y fuffent entrés à la fin de Novembre, & elle étoit réduite aux dernieres extrémités, parce que toutes les communications étoient coupées. Dans cette fituation fâcheufe quelques-uns des habitans déclarerent qu'il étoit tems de fe reconcilier avec le Roi par le moyen du Prince de Parme, mais la garnifon prit les armes le 4 de Décembre, fe faifit des magiftrats, & contraignit indifféremment tous les bourgeois à payer la folde qui lui étoit due. Pour la fatisfaire on frappa les pieces fuivantes d'or & d'argent; malgré cela, défefpérant du ſecours des François, elle trouva bon que l'on envoyât quelques députés à Bevern, pour traiter avec le Prince de Parme. Le 10 de Mars 1585 l'accord fut conclu ſous des conditions aſſez avantageuſes pour les citoyens, & trois jours après on le publia avec beaucoup de ſolennité devant l'Hôtel-de-Ville.

Cette piece, qui eſt d'argent, a vers le haut l'an (15) 84, au bas 2 *G* (deux gulden ou florins), & dans un quarré du champ, *Deo optimo maximo*, *Bruxella confirmata* (par la grace de Dieu Bruxelles a été affermie). Van Loon, Tom. I, p. 348. Pl. IX, N°. 11.

Autre piece d'un florin, & du même coin, mais plus petite. *Ibid.*

Celle-ci eſt d'or, & l'Inſcription eſt la précédente, excepté qu'il y a au bas *4 G* (gulden ou florins). *Ibid.* N°. 12.

Il y en a eu une autre de deux florins, mais plus petite, & du même coin.

CAMBRAY,

Aſſiégée par les Eſpagnols en 1581.

Cameracum, ville forte des Pays-Bas, capitale du Cambreſis. Les Etats-Généraux ayant tranſporté à François de France, Duc d'Anjou & d'Alençon la ſouveraineté des Pays-Bas, le Duc de Parme, Gouverneur de ces provinces pour le Roi d'Eſpagne, crut devoir ſe rendre maître de Cambray ; pour cet effet, il fit élever quantité de forts autour de cette importante place, & les remplit de ſes troupes ; les avenues étoient ſi bien gardées, qu'aucun ſecours n'y put pénétrer ; & la diſette y fut ſi grande, qu'on s'y nourrit des plus vils animaux. L'arrivée du Duc d'Anjou fit lever le ſiége le 16 Août 1581.

Pendant le ſiége, Inchy, qui avoit livré la ville au Duc d'Anjou, & en étoit Gouverneur, fit frapper les pieces de cuivre ſuivantes, pour prévenir en quelque ſorte l'effet que le prix exorbitant des vivres faiſoit ſur l'eſprit des ſoldats.

Pl. IX, N°. 1. Cette piece porte au bas les armes de Cambray, au milieu celles de France, & au côté l'an du ſiége 1531, *Franciſco protectore* (ſous la protection de François).

Il y avoit une autre piece de pareil coin, mais plus grande, & d'une plus haute valeur. Van Loon Tom. I, p. 294.

N°. 2. Celle-ci, qui avoit cours pour dix patards (ſols de cinq liards,) fait voir au-deſſous de l'an 1581 les armes de Cambray, & ſur une banderole ce mot *Cambray. Ibid.*

Aſſiégée par les Eſpagnols en 1595.

Le Comte de Fuentes, Général des Eſpagnols, entreprit le ſiége de Cambray le 8 Août 1595. Jean de Monluc, Seigneur de Balagny & Maréchal de France, commandoit dans cette ville en qualité de Gouverneur. Il avoit ſi bien ſu gagner les bonnes graces de Henri IV, qu'il en reçut non ſeulement le titre de Prince, mais encore la propriété de Cambray, ſous la protection de la Couronne de France. Pour ſoutenir cette dignité, il mit de nouveaux impôts, il extorqua des ſommes conſidérables, ce qui rendit les bourgeois très-mécontens, joint à cela qu'il avoit fait frapper des pieces de cuivre pour payer ſa garniſon, & qu'il contraignoit les citoyens de les prendre, ſous promeſſe de les échanger après la fin du ſiége. Les bourgeois aigris, ayant ſu gagner deux cens hommes de la garniſon, ſe rendirent maîtres d'une partie de la ville; & députerent quelques perſonnes pour traiter avec les Eſpagnols, auxquels ils ouvrirent les portes. Balagny ſe retira dans la citadelle, mais il fut obligé de ſe rendre par capitulation; elle fut ſignée le 7 Octobre. Van Loon, P. I, p. 458.

Cette

Cette piece eſt d'argent & peſe 3 gros 39 grains. Elle eut cours pour 20 ſols ou patards, comme on voit par les chiffres XX ſuivis de la lettre P. Les armes de France au-deſſus de celles de Balagny, avec cette légende : *Henrico protectore* (ſous Henri protecteur); & dans le champ le chiffre 9, qui doit être 95. Cab. de M. de Boullongne. Pl. X. N°. 5.

Elle eſt ſemblable à la précédente, excepté qu'elle eſt de cuivre, que la couronne eſt renfermée dans un cercle, que le mot *Henrico* commence en haut, & qu'il y a dans le champ (15)95. *Ibid.* N°. 6.

Celle-ci eſt d'argent : on voit dans le champ les armes de France, avec cette légende : *Henrico protectori* (à l'honneur de Henri protecteur). Elle valoit 5 ſols ou patards, comme on voit par le chiffre V ſuivi de la lettre P, & peſe 2 gros 39 grains. *Ibid.* N°. 7.

Nota. Cette piece étant de bon argent, ainſi que le n°. 5, il eſt certain que celle, avec laquelle on payoit la garniſon, étoit de cuivre, ſans quoi, il y auroit eu beaucoup à gagner. Il eſt probable que le Gouverneur, dont la femme étoit très-ambitieuſe, en a fait frapper quelques-unes d'argent pour lui & pour ſes amis.

Celle-ci eſt de cuivre, de la même valeur que la précédente, à laquelle elle reſſemble, à quelque légere différence près. *Ibid.* N°. 8.

Autre du même métal, avec une fleur de lys. Elle valoit 2 ſols ou patards. *Ibid.* N°. 9.

CAMPEN,

Aſſiégée par les Etats de Hollande en 1578.

CAMPENA, ville forte des Pays-Bas Hollandois, dans la province d'Yſſel, eſt une des 66, qui en l'année 1360 formerent la fameuſe ligue Anſéatique.

F

Le Comte de Rennenberg, Général au service des Etats-Généraux, la prit aux Espagnols après un long siége, le 20 Juillet 1578. Les habitans, afin de payer exactement la garnison, & de garantir par là leurs maisons des insolences des soldats, firent fondre l'argenterie de la ville, & en frapperent, au mois de Mai, différentes pieces de nécessité.

Pl. VII, N°. 5. Cette piece (nommée par les habitans *klipping*, ou piece de nécessité) valoit 21 sols, comme il paroît par les chiffres *21 stuyvers*, placés auprès des armes de la ville. Au-dessus & au-dessous de ces armes on lit : *extremum subsidium Campense* (la derniere ressource de Campen), 1578.

N°. 6. Celle-ci étoit de la valeur de 10 sols & demi, comme on le voit par les chiffres X ½ suivis des lettres *st* (stuyvers). Elle a cela de particulier, que les deux premiers mots ne sont pas en ligne droite au-dessus de l'écusson, mais en ligne oblique.

N°. 7. Autre de la valeur de 42 sols. Au reste elle est semblable au coin du n°. 5 précédent, excepté que la porte de la tour est différente.

Il y en a eu aussi une autre de même grandeur & du même coin, excepté qu'elle étoit de la valeur de 38 sols. Toutes les quatre se trouvent dans Van Loon, Tom. I, p. 255.

Assiégée par les Evêques de Cologne & de Munster, 1672.

La prise de Hattem & de Zwol par l'armée des Evêques de Cologne & de Munster, avoit tellement épouvanté les habitans de Campen, qu'ils envoyerent le 23 Juin des députés à Zwol, pour traiter avec le Colonel Nagel. A la seconde sommation la ville se rendit avant le retour des députés. Comme on savoit de quelle maniere cet officier avoit violé la capitulation de Hattem, en enlevant l'argenterie de l'Hôtel de ville, les Bourgmeſtres, Echevins & Conſeillers de la ville de Campen prirent le parti de mettre toute l'argenterie de la ville entre les mains du Bourgmeſtre Harn, en qualité de maître de la monnoie, & d'en faire frapper des pieces de 28 ſols, & même d'une plus grande valeur.

Cette piece a d'un côté les armes de Campen, & au-deſſous le nom de la ville. Pl. XVII. N°. 4.

Le revers porte cette inſcription: *Neceſſitas altera* (la deuxieme néceſſité). Elle a rapport à la néceſſité où la ville s'étoit déjà vue quatre-vingt-quatorze ans auparavant dans la guerre contre l'Eſpagne, de convertir en monnoie l'argenterie de la ville. Van Loon, Tom. III, p. 59.

CARLILE,

Aſſiégée par les Parlementaires en 1645.

CARLEOLUM, ville forte d'Angleterre, capitale du Cumberland, avec un bon château, qui fut aſſiégé par les Parlementaires, du tems des troubles entre le Roi Charles I & le Parlement.

Une couronne: *Carolus Rex XII*, qui fait la valeur de 12 ſols ou d'un ſchelin. ℞. *Obſeſſo Carleolo*, (pendant le ſiége de Carlile) 1645. Elle peſe 80 grains. Pl. XV. N°. 3.

Cette piece, ainſi que les deux ſuivantes, ont été frappées pendant le ſiége pour payer la garniſon.

Carolus Rex. III S. (3 ſchelins) au-deſſous d'une couronne. ℞. *Obſeſſo Carleolo*, 1645. Cette piece peſe 242 grains. N°. 4.

Même tête qu'au n°. 3. Le revers eſt d'un coin différent. Elle peſe 80 grains, & vaut 12 ſols. N°. 5.

Ces trois pieces ſont tirées du Recueil de la Société des Antiquaires de Londres.

CASAL,

Assiégé par les Espagnols, 1630.

Bondicomagum, ou **Casale**, ville forte d'Italie, capitale du Montferrat, avec un bon château.

Le Duc de Savoye n'ayant point exécuté le traité de Suze, le Roi entra dans la Savoye & conquit plusieurs places. Les Espagnols cependant continuerent le siége du château de Casal, où Jean de S. Bonnet, Seigneur de Toiras, Maréchal de France, se défendit vaillamment. Le 26 Octobre l'armée Françoise arriva devant Casal, & le siége fut levé. Le Maréchal de Toiras fit frapper pendant ce siége les quatre pieces de cuivre qui suivent, & promit, au nom du Roi, de les retirer après le siége, moyennant du bon argent; il voulut exécuter sa promesse, mais on trouva 10000 livres de manque; car les Allemands, les Italiens & les Espagnols les garderent par curiosité. *Voyez* Kohler, Tom. XXI, p. 409, Klotz, p. 110; Kundman, p. 58.

Pl. XI. N°. 14. *Horum auxilio non opprimar* (par leur aide je ne succomberai pas). F. X. (10 florins). ℟. *Tentata, sed incorrupta* (on me tente, mais je ne me laisse pas corrompre). Cabinets de M. de Boullongne & de M. d'Isjonval.

N°. 15. *Vos candidi, me puram* (ô sinceres François, conservez-moi intacte) F 5 (cinq florins) ℟. *Nec vi, nec fraude* (ni par force, ni par ruse). Une syrene ayant à côté d'elle des instrumens militaires. *Casale* 1630. *Ibid.*

Pl. XII. N°. 1. *Instar horum florescam* (je fleurirai comme ces lys). Les armes de France. F. XX. (20 florins). Au bas : *Casale.* ℟. *His ducibus omnia domantur* (sous les ordres de ces chefs on peut tout dompter) 1630. La justice & la force debout. Exergue : *Toirace clipeo*, (avec l'écu de Toiras). *Ibid.*

His

His Faventibus (à la faveur de ces fleurs de lys) 1630. Les armes de France. ℟. *Oppressa, bis exaltor* (étant opprimée, je suis deux fois exaltée). Deux branches de palme couronnées. C. (Casal). *Ibid.* Pl. XII. N°. 2.

CATANZARO,

Assiégée par les François en 1528.

CATACIUM ou CATHANZARIUM, ville très-peuplée d'Italie au royaume de Naples, capitale de la Calabre ultérieure.

François I étant toujours en différent avec Charles-Quint, résolut d'attaquer le royaume de Naples, & nommément la capitale, qu'il fit assiéger par Lautrec. Le Vice-Roi de Moncada & le Prince d'Orange se jeterent dans Naples pour la défendre. Philippin Doria bloqua le port avec huit galeres; malgré cela les assiégés firent entrer de tems en tems des vivres pendant le siége, qui dura quatre mois. Dans cet intervalle Simon Romain s'empara du château de Cosenza, & fit ensuite le siége de Catanzaro, ville forte, après la prise de laquelle on comptoit se rendre maître de la Calabre supérieure. Le beau-fils d'Alarcon étoit commandant de la ville, lorsque le Comte de Burella, arrivé de la Sicile avec du secours, fit lever le siége. Cette piece fut frappée dans la ville durant le siége, faute d'argent courant.

Moitié de l'aigle impériale, avec cette exergue : *Carolus Imperator.* ℟. *Obsesso Cathanzario* (pendant le siége de Catanzaro) 1528. Mieris, Tom. I, p. 287; Klotz, p. 77. Pl. XX. N°. 1.

CHARLES I,

Roi d'Angleterre.

TOUT le monde connoît l'histoire & la fin malheureuse de ce

Roi, ainſi que les guerres qu'il a ſoutenues contre les Parlementaires; il eſt donc inutile d'en parler.

Comme les 37 pieces qui ſuivent, ne portent point de date, je les place entre 1640 & 1648, année de ſa mort.

Pl. XIII. N°. 2. Sans ſavoir à quelle occaſion cette piece a été frappée, je la mets à la tête des pieces obſidionales de Charles I, parce qu'elle porte ſon buſte. Il eſt certain que c'eſt une piece obſidionale, ou au moins de néceſſité. *Carolus Rex*. ℟. XX S (20 ſchelins.) Elle eſt d'argent & peſe 2 gros 27 grains. Cabinet de M. de Boullongne.

N°. 3. Piece d'argent de 11 penys ou ſols, peſant 80 grains. D. XI. ſignifient ladite valeur.

On prétend que cet édifice reſſemble au château de Beeſton & à la porte de la maiſon de Lathom; par conſéquent cette piece a été frappée dans ledit château, qui fut défendu pendant deux ans par la Comteſſe de Derby. *Withlock, p. 189*. Ce château ſoutint un ſiége de dix-huit ſemaines contre deux mille hommes. Rapin, vol. II, p. 498.

Cette piece, ainſi que les trente-cinq ſuivantes, ſont tirées du Recueil des monnoies angloiſes par *la Société des Antiquaires* à Londres, *in-4°*. 1763.

N°. 4. Piece carrée d'argent, repréſentant un château. $\frac{S}{I}$ ſignifie la valeur d'un ſchelin. Elle peſe 85 grains. *Ibid.*

N°. 5. Autre piece carrée, avec un château différent. $\frac{S}{V}$ dénote 5 chelins. Argent. Elle peſe 426 grains. *Ibid.*

N°. 6. Sur cette piece on voit deux châteaux, avec $\frac{S}{II}$, la valeur de 2 ſchelins. Argent. Elle peſe 208 grains. *Ibid.*

N°. 7. Piece octogone avec un château & cette légende: *Caroli fortunâ reſurgam* (je réſuſciterai avec la fortune de Charles). On croit que cette piece & la ſuivante ont été frappées à Colcheſter.

Elle eſt d'argent & peſe 121 grains. C'eſt probablement 1 ſchelin ou 18 ſols. *Ibid.*

Cette piece, qui eſt ronde, porte la même légende & le même Pl. XIII, N°. 8.
château. C'eſt un ſchelin d'argent qui peſe 122 grains. *Ibid.*

Piece d'argent pentagone, marquée d'un château à deux tours, N°. 9.
& d'une porte carrée. $\frac{S}{I}$ dénote un ſchelin qui peſe 91 grains. *Ibid.*

Piece quarrée oblongue avec un château à deux tours, & au N°. 10.
bas $\frac{S}{I}$, un ſchelin. Elle peſe 88 grains. *Ibid.*

Autre piece carrée oblongue, ayant un coin caſſé, & repré- N°. 11.
ſentant la face d'un château. $\frac{D}{VII}$. ſept ſols. Elle eſt d'argent & peſe 53 grains. *Ibid.*

Autre ayant auſſi un coin caſſé, avec un château différent, & N°. 12.
$\frac{S}{I}\frac{D}{II}$, qui dénote la valeur d'un ſchelin deux ſols. Elle eſt d'argent & peſe 99 grains. *Ibid.*

Piece d'argent d'une forme pyramidale, ayant les deux coins N°. 13.
d'en-bas arrondis, & repréſentant un petit château, avec la marque $\frac{D}{VI}$, qui dénote ſix ſols. Elle peſe 49 grains. *Ibid.*

Piece carrée oblongue, avec un château à deux tours, & la N°. 14.
marque $\frac{S}{I}\frac{D}{I}$, valeur d'un ſchelin un ſol. Argent. Elle peſe 94 grains. *Ibid.*

Piece d'argent irréguliere, du même coin des deux côtés & N°. 15.
marquée $\frac{dnt}{I}\frac{gr}{22}$, qui eſt ſon poids, & fait la valeur de ſix ſols. *Ibid.*

Autre piece irréguliere portant $\frac{dnt}{I}\frac{gr}{6}$, qui vaut, ſelon M. Leake, N°. 16.
quatre ſols & demi. ℞. 4. Annelets. Elle eſt d'argent. *Ibid.*

Piece irréguliere d'argent. La tête eſt marquée d'un G, & le N°. 17.
revers de trois annelets. Elle peſe 22 grains. *Ibid.*

Piece d'argent preſque ronde & marquée des deux côtés $\frac{dnt}{I}\frac{gr}{I}$. N°. 18.
Elle peſe 30 grains. *Ibid. Voy.* Pembroke, P. IV, T. II.

Pl. XIV. N°. 1. Piece de huit ſols marquée 21, & au revers I. Elle eſt d'argent & peſe 58 grains. *Ibid.*

N°. 2. Un château, & au-deſſous $\frac{S}{II}$, qui ſignifie la valeur de deux ſchelins. *Ibid. Voy.* auſſi Pembroke, P. IV, T. II.

N°. 3. Piece de 18 ſols avec la marque $\frac{S}{I\ VI}$, & un château différent. Elle eſt d'argent & peſe 143 grains. *Ibid.*

N°. 4. Gros d'argent ou 4 ſols, avec la marque $\frac{D}{IV}$ ſous un château d'une forme différente. Il peſe 18 grains. *Ibid.*

N°. 5. Demi-couronne, marquée des deux côtés $\frac{D}{9}\ \frac{gr}{16}$. Elle peſe 9^d 22 ½ grains. *Ibid.*

N°. 6. Piece de 9 ſols, marquée des deux côtés $\frac{dnt}{2}\ \frac{g}{20}$ qui eſt ſon poids. *Ibid.*

N°. 7. Schelin marqué des deux côtés $\frac{D}{5}\ \frac{gr}{21}$. *Ibid.*

N°. 8. Piece irréguliere marquée des deux côtés $\frac{D}{19}\ \frac{gr}{8}$. C'eſt une couronne qui peſe 19^d 3 grains. *Ibid.*

N°. 9. *C*arolus *R*ex, ſous une couronne. ℞. $\frac{S}{V}$. Sa valeur eſt d'une crow ou couronne, & ſon poids de 458 grains. *Ibid.*

N°. 10. Autre couronne marquée des deux côtés VS ou 5 ſchelins. Elle peſe 442 grains. *Ibid.*

N°. 11. Demi-couronne marquée des deux côtés $\frac{S}{II}\ \frac{D}{VI}$ (2 ſchelins 6 ſols). Elle peſe 212 grains. *Ibid.*

N°. 12. Autre demi-couronne marquée *C*arolus *R*ex ſous une couronne. ℞. $\frac{S}{II}\ \frac{D}{VI}$ (2 ſchelins 6 ſols). Elle peſe 230 grains. *Ibid.*

Nota. Cette piece, ainſi que la plupart des précédentes & ſuivantes ont été frappées pour l'Irlande des vaiſſelles d'argent que les ſujets portoient à Charles I. Voyez *Etienne-Martin Leake dans ſon Hiſtorial account of engliſh monney, Tab. VII Nos 60-63.* Item, *Nicholſon Iriſh hiſtorical library, p. 169.*

N°. 13. Même tête au revers $\frac{D}{XII}$ (12 ſols ou ſchelins). Elle peſe 91 grains. *Ibid.*

même

Même tête. Au revers $\genfrac{}{}{0pt}{}{D}{IIII}$ (4 sols). C'est un gros qui pese Pl. XIV. N°. 14.
30 grains. *Ibid.*

Même tête au revers : $\genfrac{}{}{0pt}{}{D}{II}$ (2 sols). Cette piece pese 15 grains. N°. 15.
Ibid.

Même tête. ℞. $\genfrac{}{}{0pt}{}{D}{I}$ (1 sol). Elle pese sept grains. *Ibid.* N°. 16.

Même tête au revers : $\genfrac{}{}{0pt}{}{D}{III}$ (3 sols). Elle pese 22 grains. *Ibid.* N°. 17.

Piece de six sols, ayant la même tête, & au revers $\genfrac{}{}{0pt}{}{D}{VI}$ (six sols). N°. 18.
Elle pese 45 grains. *Ibid.*

Une croix. Au revers : $\genfrac{}{}{0pt}{}{S}{V}$ (cinq schelins ou une couronne). Elle Pl. XV. N°. 1.
pese 353 grains. *Ibid.*

Même tête au revers : $\genfrac{}{}{0pt}{}{S}{II}\ \genfrac{}{}{0pt}{}{D}{VI}$ (2 schelins 6 sols). C'est une demi- N°. 2.
couronne. Elle pese 176 grains. *Ibid.*

CHARLES II,

Roi d'Angleterre.

Après la mort de Charles I, ou pendant sa captivité, une partie de ses sujets resta attachée à son fils Charles II. Ce Prince, pour soutenir son parti fut obligé de faire frapper des pieces de nécessité.

Carolus II magnæ Britanniæ. Dans le champ une couronne. Pl. XVI. N°. 1.
Pour marque une fleur-de-lys. ℞. *Franciæ & Hyberniæ Rex*, *fidei defensor*, &c. Dans le champ $\genfrac{}{}{0pt}{}{S}{V}$ (cinq schelins ou une couronne). Elle pese 427 grains. Recueil de monnoies angloises par la Société des Antiquaires à Londres.

Même tête, excepté que celle-ci a une croix pour marque. ℞. N°. 2.
Même légende. Dans le champ $\genfrac{}{}{0pt}{}{S}{II}\ \genfrac{}{}{0pt}{}{D}{VI}$ (2 schelins 6 sols, ou une demi-couronne). Elle pese 219 grains. *Ibid.*

Il y a dans le même recueil une autre demi-couronne semblable, excepté que celle-ci a pour marque une fleur-de-lys, & qu'au revers la lettre D manque dans le champ. *Voy.* aussi *Pontrefact.*

CHARLES XII,

Roi de Suede.

Ce Roi, après avoir été battu par le Czar, ſe retira à Bender qui appartenoit aux Turcs, d'où il revint en 1714. Trouvant la Suede entiérement dépourvue d'argent, le Baron de Gortz, premier Miniſtre, conſeilla au Roi de faire frapper des pieces de cuivre, en leur donnant la valeur d'un écu, monnoie d'argent.

Pl. XXVI. N°. 6. En 1715 parut la premiere piece portant une couronne, au bas 1715. ℟. *I daler* ſilver *mynt* (un écu monnoie d'argent).

N°. 7. En 1716 on en frappa une ſeconde beaucoup plus épaiſſe, qu'on nomma en Suede *Tiorka jung fruen* (la groſſe demoiſelle). La Suede eſt repréſentée ſous la figure de Pallas tenant de la droite une fleur, & de la gauche une lance, s'appuyant ſur l'écu de Suede. *Publicâ fide* (avec la bonne foi). Au bas 1716. Même revers que ſur la précédente.

N°. 8. La troiſieme repréſente un homme armé tenant de la main droite une épée, & de la gauche l'écu de Suede. *Wett orh wapen* (eſprit & armes) 1717. Même revers.

N°. 9. Sur la quatrieme on lit : *Jupiter*, & dans le champ on voit ce Dieu avec la foudre & l'aigle, 1718. Même revers.

Pl. XXVII. N°. 1. On lit ſur la cinquieme le mot : *Mars*, & dans le champ ce Dieu, le caſque en tête & le bouclier au bras gauche, tient une lance de la main droite, 1718. Même revers.

N°. 2. La ſixieme porte le mot *Mercurius*. On reconnoît cette divinité à ſon petaſe, à ſes talonieres & à ſon caducée, 1718. Même revers.

N°. 3. Sur la ſeptieme on lit *Saturnus ;* Saturne ſous la forme d'un vieillard, tient ſa faulx de la main gauche, & enleve un enfant qu'il porte ſur le bras droit, 1718. Même revers.

La huitieme repréſente *Phébus* au milieu d'une couronne rayonnée. Ce Dieu préſente de la main droite un ſceptre terminé par un ſoleil, & tient de la gauche une branche de laurier, 1718. Même revers. Pl. XXVII. N°. 4.

Sur la neuvieme on lit cette légende : *Fling orh fardig* (hardi & agile). Dans le champ un guerrier caſqué, l'épée à la main, s'appuye ſur ſa lance, & ſe trouve accompagné d'un lion, 1718. Même revers. N°. 5.

La derniere repréſente *Hoppet* (l'eſpérance). Elle eſt debout, les mains jointes, avec une ancre à ſes pieds, 1719. Même revers. N°. 6.

Il n'y a que les ornemens qui diſtinguent ces revers.

Le dernier écu n'a pas eu cours pour le même prix, car Charles XII fut tué cette année à Friderichshal en Norwége. Alors ces écus furent mis à leur juſte valeur, qui étoit un *Or*, monnoie de cuivre, ou deux bons fenins.

Le graveur étoit un François nommé Rouyer. *Voyez Klotz*, p. 38.

Il devoit encore paroître quatre pieces qui n'ont pas été frappées à cauſe de la mort du Roi, ſavoir, *Alexander*, *Hercules*, *Theſeus* & *Dœdalus*.

Il y avoit auſſi en Suede des monnoies de papier. *V.* Kundman, p. 50.

Les dix écus de cuivre ſe trouvent dans différens cabinets, chez MM. de Boullongne, d'Isjonval, &c.

Charles XII eſt appelé par les uns l'Alexandre, & par les autres, le Don Quichotte du nord ; la premiere dénomination paroît outrée, & la ſeconde eſt indécente. Il n'eut ni le génie ni la politique d'Alexandre le Grand, mais il lui reſſembla par la valeur & l'ambition. Le Sénat, après ſa mort, ſe vengea de l'humiliation où il l'avoit réduit, sur le Baron de Gortz, son premier Ministre, par le conseil duquel avoient été fabriqués ces écus, qui étoient la cause de la ruine du royaume. On lui fit son procès, il fut condamné à mort, & il eut la tête tranchée le 2 Mars 1719. Lorsque l'on conduisit cet infortuné Ministre au supplice, la populace crioit: voyons si tes Dieux viendront te sauver, par allusion à ces pieces auxquelles il avoit donné les noms des Dieux de la fable.

CHARLES,

DUC DE SUDERMANIE,

Guerre entre ce Prince & Sigismond III, Roi de Pologne, en 1598.

SIGISMOND III, Roi de Pologne; succéda au Roi Jean III, son pere, l'an 1592, dans le royaume de Suede. En attendant son arrivée, le Duc Charles, son oncle, prit en main les rênes du gouvernement. L'an 1594, le 19 Février, il fut couronné à Upsal par l'Archevêque. La mésintelligence commença dès-lors entre ce Prince & le Duc Charles, & aboutit enfin à la déposition de Sigismond, qui fut prononcée aux Etats tenus à Nicoping le 6 Février 1604. Le Duc de Sudermanie, fils du Roi Gustave Vasa, fut, sous le nom de Charles IX, reconnu Roi de Suede le 29 Mars 1604, par les mêmes Etats. Klotz, p. 61, rapporte que Charles fit frapper des monnoies avec sa vaisselle d'argent, afin de payer ses troupes.

Pl. XXIII. N°. 7. Cette piece porte une couronne, & au-dessous *C. D. S.*, (Carolus, Dux Sudermaniæ) & au bas *1 m.* (un marc) ℞. Une gerbe (armes de Vasa) couronnée, & dans les quatre coins, 1598. Brenner, p. 117.

Il

Il y a des pieces de 4 *marcs*, & d'autres d'une moindre valeur. M. de Boullongne en a une de deux marcs, mais elle porte l'année 1604.

Celle-ci eſt un ducat d'or. Une gerbe & les trois lettres *C. D. S.* (Carolus, Dux Sudermaniæ). ℞. Le nom Jehova au milieu d'une gloire, & dans les quatre coins 1598. Brenner, *ibid.* Pl. XXIII. N° 8.

Voyez Luckius, p. 377, & Kohler, Tom. III, p. 305.

CHRISTIAN II,

Roi de Dannemarck & de Suede, 1531.

Ce Roi ayant été, à cauſe de ſes cruautés, dépoſé par les Etats de Dannemarck en 1523, & dans la même année par ceux de Suede, erra pendant neuf ans, au bout deſquels il fit avec les troupes qu'il avoit levées, une deſcente en Norvége, où il fut arrêté, conduit au château de Sunderbourg, & de là transféré en 1546 à celui de Calembourg, où il mourut le 25 Janvier 1556 à l'âge de 78 ans.

C'eſt pendant ſon expédition en Norvége en 1531, qu'il fit convertir les vaſes ſacrés en pieces de néceſſité, dont la figure eſt ici repréſentée.

Cette piece porte un *C* couronné, monogramme du Roi. ℞. 1531, & les armes de Norvege. Kohler, Tome XI, pag. 41; Klotz, p. 50. Pl. I. N°. 9.

Ce Prince ayant été arrêté en 1532, & Frédéric I, ſon ſucceſſeur, étant mort en 1533, on ne put s'accorder pour en choiſir un à ce dernier Monarque. Les habitans de Lubec, jaloux du commerce des Hollandois dans la mer Baltique, ſe mêlerent de cette affaire, & en chargerent Chriſtophe, Comte d'Oldenbourg, qui fit en 1534 une invasion dans le Holstein : en ayant été repoussé, il s'empara de Copenhague ; mais il fut vaincu le 4 Janvier 1535 par Gustave, Roi de Suede, que le nouveau Roi Christian III avoit appelé à son secours. Le Comte d'Oldenbourg manquant d'argent, les Lubequois firent frapper cette monnoie dans laquelle il entra beaucoup de cuivre.

Pl. XXI, N°. 2. La piece porte : *Moneta Christierni*, *Daniæ*, *Sueciæ*, *Norvegiæ Regis* (monnoie de Christian, Roi de Dannemarck, Suede, Norvege). Les armes de Dannemarck (15)35. ℞. *Immeriti carceris apud Holsata* (innocemment arrêté chez les Holsteinois). Le Roi assis sur son trône. Kohler, Tom. XIV, p. 329. Klotz, p. 50.

CYPRE,

Assiégée par les Turcs en 1570.

Cypris, île d'Asie dans la mer Méditerranée, fut prise sur les Grecs par les Arabes vers 649, & ensuite reprise par ses anciens maîtres. Elle fut long-tems gouvernée par des Ducs, dont le dernier, qui fut Isaac Comnene, s'érigea en Souverain. Richard, Roi d'Angleterre, le dépouilla de ce royaume, qu'il vendit ensuite aux Templiers, qui le lui ayant remis, ce Roi le donna à Guy de Lusignan. La Reine Catherine, en 1489, fit don de l'île de Cypre à la république de Venise.

Soliman, Empereur des Turcs, suivant la politique de ses ancêtres, & voulant aggrandir ses états, conçut le dessein de s'emparer de l'île de Cypre, d'autant plus que les Turcs, allant en Syrie & en Egypte, étoient souvent inquiétés par les corsaires chrétiens qui se retiroient dans cette île. Vers la fin de Mars 1570 il fit partir un grand nombre de vaisseaux chargés de troupes, qui arriverent en Cypre le premier Juillet. Pendant ce siége les Vénitiens firent frapper cette piece pour payer les soldats.

Elle porte les armes de Venise, & pour légende : *Pro regni Cypri præsidio* (pour la garnison du royaume de Cypre). Les armes de Venise, 1570. ℟. Un ange qui implore le ciel pour venger la perfidie des Turcs qui avoient rompu la paix. Avec cette inscription : *Venetorum fides inviolabilis* (la foi inviolable des Vénitiens). *Bisant. f. f.* L'île se rendit & passa sous la domination des Turcs en 1571. Luckius, p. 234. Pl. II, N°. 4.

CLÉMENT VII,

Assiégé dans le château Saint-Ange, 1527.

L'Empereur Charles-Quint, irrité contre le Pape Clément VII, son ennemi mortel, chargea le Duc de Bourbon, en 1527, de le venger du Pontife. Le Duc, à la tête de quatorze mille hommes, marcha vers Rome, & en forma le siége. Le Duc de Bourbon, encourageant lui-même ses soldats, pour monter à l'assaut, fut tué d'un coup de mousquet; malgré cela ses troupes commandées par le Prince d'Orange, prirent Rome le 24 Mai, & y exercerent les plus horribles ravages. Le pape avec treize Cardinaux s'étoit réfugié dans le château Saint-Ange, dès qu'il avoit appris l'arrivée du Duc de Bourbon. Il y avoit déjà près d'un mois que le Saint Pere étoit bloqué. Les vivres lui manquoient absolument, & il se vit enfin forcé de se rendre & de capituler avec le prince d'Orange qui avoit succédé au Duc de Bourbon. Il consentit à payer quatre cent mille ducats, & à se remettre à la discrétion de l'Empereur. Pour acquitter une partie de cette rançon, l'on vendit tout ce qui se trouva dans le château Saint-Ange, & l'on mit à l'enchere trois chapeaux de Cardinaux. L'armée impériale, en abandonnant Rome, emporta un butin de plus de dix-huit millions d'écus. On célébra avec pompe les obſeques du Duc de Bourbon. Son corps fut porté à Gaette, & l'on mit cette inſcription ſur ſon tombeau : *Aucto imperio, Gallo victo, ſuperatâ Italiâ, Pontifice obſeſſo, Româ captâ, jacet hîc Carolus Borbonius.* (ci gît Charles de Bourbon qui avoit augmenté l'empire, vaincu les François, ſubjugué l'Italie, aſſiégé le Pape & pris Rome.

Pl. XX. N°. 6. La premiere de ces deux pieces porte: *Clemens VII, Pont*ifex *max*imus, *an*no *III, M. DXXVII.* (Clément VII, Pape, la troiſieme année de ſon pontificat, 1527). Son buſte. ℞. L'adoration des Mages. *Luckius*, p. 66; *Mieris*, P. II, p. 267.

N°. 7. La ſeconde repréſente les armes du Pape avec la même légende que ſur la précédente. ℞. Saint Pierre & Saint Paul debout, avec leurs noms pour légende. *Ibid.*

COMPAGNIE DES INDES HOLLANDOISE,

En guerre contre les Portugais au Breſil, 1646.

Les Etats de Hollande avoient conclu le 12 Juin 1641, une trève de dix ans avec le Roi de Portugal, après que ce royaume eut ſecoué le joug des Eſpagnols. Les Portugais craignoient néanmoins que les Provinces-Unies, débarraſſées de la guerre avec l'Eſpagne, ne tombaſſent ſur eux dans l'Amérique. Pour les prévenir, ils tâcherent ſous main de gagner leurs compatriotes, ſujets de la Compagnie, & de leur inſpirer un eſprit de révolte; mais leur deſſein ayant été découvert, ils s'armerent ouvertement, brûlerent les plantations des Hollandois, prirent par ſiége la fortereſſe de Seringham, & défirent entiérement les troupes Hollandoiſes, de ſorte que la Compagnie fut forcée d'abandonner d'abandonner entiérement le Brésil. Avant d'en venir à cette extrémité, elle se défendit partout avec beaucoup de valeur; & pour être en état de payer ses troupes, elle se détermina, faute d'argent monnoyé, à faire frapper ces pieces d'or.

Celle-ci est plutôt une monnoie de nécessité qu'une monnoie obsidionale, VI (francs). GWC (Goeêtroyerde Westindische Compagnie, la Compagnie privilégiée des Indes occidentales). ℞. *Brasiliæ*, *anno 1646*. Elle est d'or. Pl. XV, N°. 11.

Il y en a deux autres du même coin, une plus grande avec le chiffre XII (francs), & une plus petite avec celui de III (francs). Van Loon, Tom. II, p. 283.

Continuation de la guerre avec les Portugais, 1654.

Les Hollandois, assez embarrassés de la guerre avec les Anglois, ne faisoient rien pour soutenir la Compagnie occidentale, dont l'état étoit chancelant, à cause de la guerre avec les Portugais dans le Bresil. On apprit, au mois de Mai 1654, que les Portugais avoient assiégé le 20 Décembre précédent le Recif, la seule forteresse qui restât à la Compagnie dans le Bresil, & que l'ayant prise, ils avoient obligé les Hollandois de vider entiérement ce vaste pays. Cette perte fut attribuée à la disette des vivres & d'habits, au mauvais état des fortifications, & sur-tout à la désobéissance des soldats, qu'on ne put empêcher de déserter vers l'ennemi, ni par la crainte du châtiment, ni par le soin qu'on prit de faire frapper la piece suivante pour payer leur solde.

Cette piece est d'argent & valoit 12 sols. Les trois Lettres *G. W. C.* signifient Geoctroyerde Westindische Compagnie (La Compagnie privilégiée des Indes occidentales). Au bas 1654. Van Loon, Tom. II, p. 369. Klotz, p. 62. Pl. XVI. N°. 8.

CORCK,

Assiégée par les Parlementaires en 1647.

Corcagia, ville forte d'Irlande dans la province de Munster, & capitale du comté de Corck.

Pendant les troubles entre le Roi Charles I & les Parlementaires, cette ville qui tenoit pour le Roi, fut assiégée par les troupes de Cromwel. Durant le siége, on frappa la piece suivante, afin de pouvoir payer la garnison.

Pl. XV, N°. 11. Elle est octogone & porte : *Corck, 1647.* ℞. *VI* (six sols). Le poids est de 32 grains.

Il y en a une autre de pareil coin, marquée XII (douze sols ou un schelin). Recueil des monnoies angloises par la Société des Antiquaires de Londres.

Assiégée par le Roi Guillaume en 1690.

Le Roi Jacques II, voulant recouvrer le royaume d'Angleterre, fit au mois de Mars 1690; par l'assistance de la flotte françoise, bien garnir & fortifier les villes de Corck, Kingsal & Waterford. Le Roi Guillaume, après avoir gagné la bataille de la Boyne, chassé le Roi Jacques, & pris plusieurs places en Irlande, forma le siége de Corck. La flotte Angloise arriva le 2 Octobre devant le port de cette ville, & le lendemain les troupes furent débarquées. Les assiégés n'espérant aucun secours, se rendirent le 9 du même mois. La garnison fut faite prisonniere de guerre, ainsi que le Gouverneur Ma Eligot, & les Comtes de Clancarry & Tyronne.

Pl. XVII, N°. 7. Cette piece est de cuivre; d'un côté on voit les armes de la ville, & de l'autre son nom.

Dans les troubles d'Irlande, le Roi Jacques fit frapper deux millions de monnoies de cuivre, qui portoient les noms des villes où elles avoient été frappées, & auxquelles il donna une valeur arbitraire; mais le Roi Guillaume les mit à leur valeur intrinſeque. *Kohler*, Tom. XV, p. 169.

CRÉMONE,

Aſſiégée en 1526 par les troupes de Clément VII, de François I, de la République de Veniſe, & des autres Princes alliés.

CREMONA, ancienne & forte ville d'Italie au duché de Milan, capitale du Crémonois. Les troupes du Pape Clément VII, de François I, de la République de Veniſe & des autres Princes d'Italie, tenterent inutilement de ſurprendre Milan. Il fut réſolu que l'armée des alliés reſteroit devant la ville, dans les poſtes qu'elle occupoit, en attendant que les Suiſſes, qu'on levoit pour le ſervice de la France, fuſſent arrivés en Italie. De l'avis du Duc d'Urbin, & à la ſollicitation du Duc de Milan, on fit un détachement de l'armée, & on envoya Malateſta Baglioni avec trois cens hommes d'armes, autant de chevau-legers & cinq mille hommes d'infanterie contre la ville de Crémone. Il fut joint par le Provéditeur Pizaro, avec trois mille hommes d'infanterie Italienne & plus de mille Suiſſes. Le Duc d'Urbin vint enſuite lui-même renforcer les aſſiégeans. Après plus d'un mois d'une défenſe opiniâtre, la ville fut obligée de ſe rendre, & la garniſon obtint les honneurs de la guerre.

Cette piece fut frappée pendant le ſiége, & on paya la garniſon avec cette monnoie. Elle porte : *1526*, *Ceſ*āreis *Cre*monæ Pl. I, N°. 3.

obſeſſis (les Impériaux aſſiégés dans Crémone) Luckius, p. 59, Mieris, Tom. II, p. 240. *Voy.* auſſi Adam Reuſner.

DANTZICK,

Aſſiégée par le Roi de Pologne en 1577.

Gedanum, capitale du Palatinat de Poméranie en Pologne, eſt une ville libre & anſéatique, gouvernée par ſes Magiſtrats & ſes loix, ſous la protection du Roi de Pologne.

Henri III, Roi de Pologne, ayant appris la mort de ſon frere Charles IX, Roi de France, quitta ſon royaume pour ſuccéder à la couronne de France. On propoſa pluſieurs aſpirans, mais Etienne Bathory fut élu le 18 Janvier 1576. Tous les Etats prêterent ſucceſſivement au nouveau Roi le ſerment de fidélité, excepté la ſeule ville de Dantzick, qui demanda préalablement la confirmation de ſes priviléges. Le Roi, irrité de ce refus, mit au mois de Septembre le ſiége devant cette ville; mais les habitans ſe défendirent bravement, & il fut obligé de lever le ſiége le 15 Juillet 1577. Le Roi revint à la charge le 7 Août, mais il fut encore obligé d'abandonner le ſiége le 6 Septembre ſuivant. Par la médiation de pluſieurs Princes proteſtans, le Roi voulut bien pardonner à la ville, qui fut obligée de prêter ſerment de fidélité & de donner deux cent mille florins. Pour payer la garniſon, & ſubvenir aux frais, on fit fondre le 5 Juin d'anciens buſtes de ſaints qui étoient d'argent, & les vaſes des égliſes, dont on frappa des pieces de néceſſité.

Pl. VI, N°. 8. Celle-ci repréſente les armes de la ville de Dantzick, ayant pour ſupport deux lions. Au-deſſus on voit l'année 1577. La légende eſt *Moneta nova civitatis Gedanenſis* (nouvelle monnoie de de la ville de Dantzick). Au revers on voit le Sauveur à mi-corps tenant dans la main droite un globe ſurmonté d'une croix avec cette légende : *Defende nos Chriſte ſalvator* (Chriſt ſauveur défends nous).

Elle peſoit une engelſe dix-huit as moins une once.

On frappa auſſi des gros à 96 au marc, & des ducats de la valeur de 54 gros. *Voy.* Koehler, Tom. VI, p. 305.

DEVENTER,

Bloquée par les Etats Généraux en 1578.

Daventria, grande & forte ville des Pays-Bas Hollandois, capitale de la province d'Overiſſel, autrefois libre & anſéatique.

Le Comte de Rennenberg, Gouverneur d'Overiſſel pour les Etats, ſe porta tout d'un coup, le 3 Août, avec un corps de troupes, devant la ville de Deventer, ſituée à cinq lieues de Campen. La garniſon ayant prévu le ſiége, s'étoit pourvue de toutes les choſes néceſſaires. Les Echevins & les Conſeillers de la ville, afin de fournir exactement à la ſolde des troupes, avoient déjà, le 9 Juin, fait fondre leur propre vaiſſelle d'argent, & en avoient fait frapper les pieces ſuivantes.

Cette piece avoit cours pour onze ſols. Au milieu ſont les armes de la ville, & pour légende : *Urgente neceſſitate Daventriæ*, (dans la néceſſité urgente de Deventer) 9 *Junii* 1578. Van Loon, Tom. I, p. 256, 257. Pl. VII, N°. 8.

Il y avoit auſſi une autre piece de pareil coin, qui valoit le double.

Celle-ci avoit cours pour 22 ſols. La légende eſt la même, excepté qu'il y a ici *Daven* 5. En nature. Elle peſe 1 gros ½ 11 grains. *Ibid.* N°. 9.

Le 28 Octobre la garnison obligea les magistrats à frapper des pieces de nécessité ; elles étoient de cuivre, & les soldats les reçurent en paiement, à condition que dans la suite elles seroient échangées pour de la monnoie courante. Les troupes qui venoient au secours de la ville ayant été défaites, elle fut obligée de se rendre le 20 Novembre.

Pl. VII, N°. 10. Cette piece représente les armes de la ville avec cette légende : *Urgente necessitate Daventriæ, 30 Oc. 78.* Le revers marque la valeur, savoir : *4 sols.* Elle étoit de cuivre. Van Loon. *Ibid.*

Pl. VIII, N°. 1. Celle-ci étoit du même coin & de la même matiere, & sa valeur de deux sols. *Ibid.*

Il y a aussi des pieces d'un sol & d'un demi-sol.

Assiégée par l'Evêque de Munster en 1672.

L'Évêque de Munster, Prélat guerrier, ayant depuis long-tems formé des desseins contre les Provinces-Unies, investit le 16 du mois de Juin la ville de Deventer. Les magistrats prévoyant le danger qui les menaçoit, avoient donné commission aux trésoriers de prendre l'argenterie de la ville & les plus vieilles tasses pour en faire frapper de la monnoie de nécessité. Comme l'usage des bombes n'étoit pas encore bien connu, & qu'elles firent un grand fracas, la ville se rendit le 20 du même mois. La prise étant arrivée avant qu'on eût eu le tems de frapper la monnoie obsidionale dont je parle, on ordonna depuis au trésorier Niland de recevoir de l'orféve Lucas Lucaszoon ce qui s'en trouvoit de fait, montant à la somme de 997 florins, 17 sols & demi, de distribuer cette somme pour les besoins de la ville, & d'en tenir compte.

Pl. XVII, N°. 1. Cette piece étoit d'argent & valoit une rixdalle ou écu : on voit d'un côté les armes de la ville, & l'année 1672 ; sur le revers on trouve ces deux vers hollandois, que le tréſorier Henri Niland y a fait graver dans la ſuite, en mémoire de l'occaſion à laquelle elle a été frappée.

Door Vyands Maght
en Paaps Geveldt
Verkeert ons glans
in Vierkant geldt.

(La puiſſance de l'ennemi & la violence du papiſme nous forcent à convertir en monnoie quarrée ce que nous avons de plus précieux). Van Loon, Tom. III, p. 58.

Celle-ci étoit d'argent & valoit un demi-écu; les armes de la ville de Deventer, & l'année 1672. *Ibid.* Pl. XVII. N°. 2.

Autre du même coin & de la valeur d'un quart d'écu. *Ibid.*

Autre du même coin & de la valeur d'un demi-quart d'écu. Elle eſt d'argent & peſe 60 grains. Cab. de M. de Boullongne.

EGRA,

Aſſiégée & priſe par les François en 1742.

Mesnogada ou Agria, forte ville de Bohême à vingt lieues de Prague. Dans la guerre de la ſucceſſion d'Autriche, le Comte de Saxe qui commandoit en Bohême une partie de l'armée Françoiſe envoyée pour ſoutenir les droits de l'Empereur Charles VII, forma le ſiége d'Egra, une des plus fortes villes du royaume. Il ouvrit la tranchée le 7 Avril 1742, & foudroya tellement la place, qu'il s'en rendit maître le 19 du même mois. Les François furent attaqués l'année ſuivante, mais ils ſe défendirent avec la plus grande bravoure. Réduits à la plus cruelle famine par un blocus de quatre mois, & ayant été forcés de manger les chevaux, les chats & les chiens, ils se virent dans l'obligation, le 7 Septembre 1743, de se rendre prisonniers de guerre. Le Marquis d'Hérouville en étoit Commandant.

La ville, lors de sa prise, fut taxée à 200000 florins, & comme il ne s'y trouvoit plus de petite monnoie, les Magistrats furent obligés d'en frapper d'étain.

Pl XIX, N°. 13. Celle-ci porte les armes de la ville d'Egra, avec la valeur au bas, 3 kreutzers. Au revers, *Eger* (Egra) 1743. Koehler, Tom. XV, p. 409.

N°. 14. La seconde, quoique plus petite, est du même coin, mais la valeur n'est que d'un kreutzer. *Ibid.*

ERIC XIV,

ROI DE SUEDE,

En guerre avec Fréderic II, Roi de Dannemarck, 1564.

Ce Roi, né le 15 Décembre 1533, monta sur le trône de Suede en 1560, après la mort de Gustave son pere.

Par son imprudence & sa cruauté il mit tout le royaume en combustion. Assiégé en 1568 par ses freres dans Stockholm, il fut obligé de se rendre, & de renoncer à la couronne. On l'enferma dans une prison où il mourut de poison le 22 Février 1578.

Fréderic II, Roi de Dannemarck, lui déclara la guerre en 1563; elle dura plusieurs années. Klotz rapporte que c'est à l'occasion de cette guerre qu'a été frappée, comme piece de nécessité, celle-ci, où l'on voit E. R. monogramme du Roi, &
Pl. XXII, N°. 10. la valeur, qui est de seize ors. Sur le revers sont les armes de Suede, & l'année 1564.

Brenner

Brenner en a auſſi d'autres du même coin, mais de différentes valeurs, comme de 8, 4 & 2 ors; & M. de Boullongne en a un de 8 ors de l'année 1565.

Voy. Brenner, p. 81. Luckius, p. 200, & Klotz, p. 57.

FERDINAND,

ROI DE HONGRIE,

En guerre avec les Turcs en 1552.

IL fut arrêté par les articles du traité de Paſſau, que les Princes confédérés fourniroient des troupes à Ferdinand, Roi de Hongrie, dans le cas où il en auroit beſoin. On fut informé que l'Empereur Turc, Soliman II, venoit pour ſoutenir & protéger Jean-Sigiſmond Zapolski, & pour attaquer la Hongrie avec deux armées formidables. Maurice, Electeur de Saxe, fut nommé Général des troupes Allemandes. Soliman feignit d'aſſiéger la ville de Strigonie, & tomba ſur Egra. Le Général Caſtaldo fut d'avis que pendant que les Turcs faiſoient le ſiége de cette ville, on les attaquât des deux côtés; mais Ferdinand ne voulant pas riſquer tout en haſardant une bataille, ordonna aux deux Généraux de pénétrer juſqu'à Albe-Royale & à Veſprin, pour obliger les Turcs à lever le ſiége. Cependant les Turcs prirent pluſieurs places: les Troupes de Ferdinand ſe révolterent partout, faute de paiement, & les Chrétiens firent une campagne infructueuſe. C'eſt à l'occaſion de la diſette d'argent, que le Roi Ferdinand fit frapper ces pieces de néceſſité pour ſatisfaire ſes troupes.

La premiere porte *F*erdinandus *R*ex *U*ngariæ. Un aigle plaſtroné des armes de Hongrie & d'Autriche. Au bas deux épées en ſautoir (alluſion à Maurice de Saxe). Koehler, T. V, p. 409, Pl. I, N°. 16.

donne à cette piece une figure différente & presque octogone. *Voy.* Luckius, p. 149 ; & Mieris, Tom. III, p. 303.

Pl. XXII, N°. 7. La seconde piece est d'argent & porte un aigle plastroné du monogramme de Ferdinand. ℞. Bellone. En nature.

FRANCKENTHAL,

Bloquée par le Général Verdugo en 1623.

Cette ville, située à deux lieues de Worms, à trois de Heidelberg, & à cinq de Spire, n'étoit d'abord qu'un chapitre de chanoines réguliers de Saint Augustin, fondé par Eckenbert, bourgeois de Worms. Après la réformation dans le Palatinat, l'Electeur Fréderic III donna cette place aux Réformés, que le Duc d'Albe avoit chassés des Pays-Bas, & qui l'augmenterent considérablement ; de sorte qu'à la fin elle surpassa Spire & Worms. Dans la guerre de trente ans, Don Corduba mit le siége devant Franckenthal le 19 Septembre 1621 ; mais après avoir bombardé la ville, il fut obligé de lever le siége au mois d'Octobre, à cause du secours qu'amena le Comte de Mansfeld. Le Général Tilly commandant l'armée de Baviere, bloqua Franckenthal au mois d'Octobre 1622. Au printems de 1623, Guillaume Verdugo continua le blocus de cette ville. Dans cet intervalle les bourgeois donnerent de bonne volonté leur vaisselle d'argent pour frapper des pieces, afin de payer la garnison. Le 19 Mars il fut arrêté entre les commissaires Anglois & Espagnols, que cette ville seroit remise à la gouvernante des Pays-Bas, moyennant certaines conditions.

Pl. XI, N°. 8. Cette piece obsidionale est d'argent & pese 2 gros 48 grains. Légende : *Franckenthaler nothm*unze (monnoie de nécessité de

Franckenthal) 1623. Dans le champ les armes de Franckenthal. Batz XV. (15 batzes) qui étoit sa valeur. Cab. de M. de Boullongne. Koehler, Tom. X, p. 137.

FRÉDERIC II,

Roi de Dannemarck,

En guerre contre Eric XIV, Roi de Suede, 1564.

Fréderic II, fut reconnu en 1559 pour successeur du Roi Christiern son pere, qui l'avoit fait couronner Roi de Dannemarck dès l'an 1542, & Roi de Norvége en 1547. L'an 1563 il déclara la guerre à la Suede; elle dura l'espace de sept ans, & finit l'an 1570 par un traité de paix avantageux au Dannemarck.

Klotz, p. 57, prétend que la piece suivante a été frappée par nécessité durant cette guerre.

La tête porte trois lions, armes de Dannemarck, dans un écusson couronné, & au revers II *frilli* pour II skilling. *Voy. Luckius*, p. 208. Pl. XXII, N°. 11.

GENEVE

En guerre contre le Duc de Savoye, 1590.

Capitale de la république du même nom, autrefois impériale, aujourd'hui alliée aux Suisses.

Charles Emmanuel I succede en 1580 à son pere Philibert Emmanuel Duc de Savoye. L'an 1588, à la faveur des troubles de France, il s'empare du marquisat de Saluces. Henri III, pour l'arrêter, engage les Suisses & les Génevois à lui déclarer la guerre. Le Duc fait sa paix l'année suivante avec les premiers,

& pouſſe vivement les ſeconds. En 1590, après avoir fait ſur Geneve des tentatives inutiles, il quitta les Génevois pour entrer en Provence, où ſes troupes furent battues en pluſieurs rencontres, à la fin de l'année 1591, & qu'il fut forcé d'évacuer en 1592. Il demanda la paix en 1599; Henri IV la conclut avec lui en 1601, moyennant un échange. Pour ſe venger des Génevois, d'Albigni, Gouverneur de Savoye, s'étant le 22 Décembre 1602 approché ſecrettement de Geneve avec douze cens hommes, ſurprend la ville par eſcalade, à la faveur de la nuit; mais les Génevois éveillés à propos, courent aux armes, font main-baſſe ſur les ennemis, en tuent une partie & font pendre les autres comme des voleurs de nuit.

On prétend que c'eſt pendant les troubles de 1590 que les Génevois, pour payer la garniſon, firent frapper ces pieces, qui furent enſuite retirées, en rembourſant le prix marqué deſſus.

Pl. XXIII, N°. 5. Piece de cuivre portant les armes de Geneve, & au revers, pour *12 ſols, &c.* En nature.

N°. 6. Moitié de la piece précédente, & marquée, ſix ſols pour les ſoldats de Geneve, 1590. *Idem.*

Le célebre M. Haller de Berne m'a aſſuré qu'il exiſte une petite piece de cuivre valant 1 ſol.

Voyez l'Hiſtoire de la ville de Geneve par Spon.

GOTHA,

Aſſiégée par l'Electeur Auguſte en 1567.

CAPITALE du duché de même nom en Thuringe, & ſujette à un Prince de la Maiſon de Saxe.

Guillaume de Grumbach ayant ſollicité la nobleſſe Allemande de ſe ſoulever contre les loix de l'empire, fut proſcrit par l'Empereur,

pereur. Pour ſe ſouſtraire au châtiment que méritoit ſa conduite, il alla trouver en ſecret Jean Frédéric & Jean Guillaume, fils de Jean Frédéric, autrefois Electeur de Saxe; il les exhorta à attaquer l'Empereur, & à faire les efforts néceſſaires pour rentrer dans l'ancienne dignité attachée à leur maiſon. Jean Frédéric ſe laiſſa entraîner par les diſcours & les conſeils artificieux de cet homme, & il conſpira contre la vie d'Auguſte, ſon couſin, Electeur de Saxe. Il ne fut pas poſſible de faire rentrer Jean Frédéric dans ſon devoir; il ſe renferma dans Gotha, & y donna aſyle à Grumbach & à tous ſes partiſans. L'Electeur Auguſte, en vertu du mandement de l'Empereur, & d'un decret de l'Empire, fit marcher ſes troupes, & mit le ſiége devant cette ville. Les aſſiégés manquant de tout, furent contraints de ſe rendre. Les conjurés proſcrits furent exécutés, & le Duc Jean Frédéric reſta priſonnier de l'Empereur.

C'eſt pendant ce ſiége qu'on fit frapper les deux pieces ſuivantes: la premiere eſt ſans revers. Les lettres initiales ſignifient: *Hertzog Hans Friederich Gebohrner Kurfurſt* (Duc Jean Frédéric, né Electeur) & ſont bien relatives à la prétention qu'il avoit à l'Electorat poſſédé par ſon couſin Auguſte. Dans l'écu à droite on voit deux épées en ſautoir, marque de la dignité de Maréchal héréditaire de l'Empire; & à gauche les armes de Saxe avec l'année 1567. *Luckius*, p. 225. Pl. II, N°. 2.

Cette piece eſt plus mince & marquée des deux côtés. La tête eſt de même, mais d'un coin différent. Le revers porte la valeur, *III groshens* (3 gros). Elle eſt d'argent & peſe 63 grains. Cab. de M. de Boullongne. N°. 3.

Voy. Klotz, p. 82, & Koehler Tom. XII, p. 161.

Schlegel rapporte que l'on a frappé dix ſortes de ces pieces, dont il y a une d'or.

N

GOTHARD DE KETTLER,

Grand Maître de l'Ordre Teutonique, ou Porte-glaive, 1559.

L'Ordre teutonique s'étant brouillé avec la Russie, s'attira la disgrace de cet Empire, qui l'attaqua en 1558. Dans cet embarras, le Grand-Maître, Guillaume de Furstemberg, abdiqua sa charge, & la remit à Gothard de Kettler en 1559. Celui-ci, après avoir embrassé le luthéranisme, céda le droit & les priviléges de son Ordre avec la ville de Riga au Roi Sigismond Auguste qui lui donna en échange la Courlande avec le Semigale, qu'il érigea en Duché, pour être possédé par lui & ses descendans, sous la protection de la Pologne. L'Ordre perdit ainsi tout ce qu'il avoit en Livonie.

Pendant cette guerre les soldats Allemands demanderent à haute voix leur solde, & pour les satisfaire, Gothard de Kettler fut obligé de faire frapper, avec les vases sacrés & les autres ornemens de l'Ordre, cette monnoie d'argent; on y voit les quatre lettres
Pl. XXII, N°. 8. GMZL, *Gothard Meister zu Liefland* (Gothard, Maître de Livonie). Au milieu les armes de l'Ordre & de Kettler, & au bas 1559. *Voy.* Koehler, Tom. IV, p. 385, & Klotz, p. 55.

GRIPHSWALD,

Assiégée par Gustave Adolphe, Roi de Suede, 1631.

Gustave Adolphe ayant chassé les Impériaux de toute la Poméranie, la ville de Griphswald fut la seule qui leur resta: le colonel François-Louis Peruzi, Italien, en étoit Gouverneur. Le Général Suédois Bannier lui écrivit au mois de Mars 1631, pour le ſommer de rendre la ville ; mais il le refuſa & ſe défendit juſqu'au mois de Juin. Les bourgeois n'ayant plus d'or ni d'argent, furent obligés de donner leur vaiſſelle d'étain, dont ils firent frapper des pieces de néceſſité. Il y en avoit une d'une once, qui eſt celle-ci. Les autres étoient de 2, 3 & 4 onces, & le Gouverneur leur promit de rembourſer le tout en argent après le ſiége. Le Colonel Peruſi ayant été tué dans une ſortie, la garniſon fut obligée de capituler le 16 Juin, & ſortit le même jour avec les honneurs de la guerre.

Cette piece porte : *Ferd*inandus *II, Roma*norum *Imper*ator *Augus*tus. L'aigle de l'Empire couronné. ℞. *Neceſſitas Grifeswaldenſis* (la néceſſité de Griphswald). Dans le champ on voit le chiffre I (florin), un griffon, armes de la ville, & l'année 1631. Koehler, Tom. IX, p. 353. Pl. XII, N°. 3.

GRONINGUE,

Piece de néceſſité frappée par les Etats de Hollande, 1577.

GRONINGA, capitale de la province ou ſeigneurie du même nom, l'une des Provinces-Unies.

Les Etats voulant s'aſſurer de la ville de Groningue, y envoyerent François Stella, qui fut arrêté & mis en priſon par Gaſpard Robles, Gouverneur du pays. Stella, pendant ſa détention, promit à la garniſon le paiement entier de ſes arrérages, ſi elle vouloit ſe ranger du côté des Etats ; là-deſſus elle prit unanimement les armes, arrêta les Officiers & le Gouverneur, & fit ſortir Stella de ſa priſon. Les bourgeois, ainſi que la garniſon ſe déclarerent pour les Etats. Le Baron de Ville, connu depuis ſous le nom de Comte de Rennenberg, ayant été nommé Gouverneur de cette place, trouva, en y arrivant, que les arrérages qu'on devoit à la garniſon, montoient environ à deux cent mille francs. Pour aviſer au moyen de les payer, conformément aux promeſſes des Etats, il fit aſſembler ceux qui gouvernoient le plat pays de cette province, connue ſous le nom d'*Omelandes*, & ceux-ci réſolurent de lever, pour parfaire cette ſomme, le cinquieme denier du revenu des biens immeubles. Comme ce fonds n'étoit pas encore ſuffiſant, ils firent fondre la vaiſſelle de leur défunt Evêque, Jean Knyf, des officiers priſonniers, & des principaux habitans de la ville, avec laquelle ils firent frapper des pieces quarrées, dont ils ſe ſervirent pour achever de ſatisfaire entiérement la garniſon.

Pl. VI, N°. 7. Celle-ci eſt une rixdale entiere, elle offre aux yeux les armes de Groningue, & au-deſſus un G, lettre initiale du nom de cette ville, avec cette légende: *Neceſſitate* (par néceſſité) *4 Feb*ruarii *1577*.

Il y avoit une autre piece de pareil coin, mais plus petite, & de la valeur d'une demi-rixdale. Van Loon, Tom. I, p. 226.

Aſſiégée par les Etats de Hollande, 1591.

Le Prince Maurice, après s'être rendu maître de la ville de Deventer, ſe tourna du côté de Groningue, à la ſollicitation des Friſons, qui le conjurerent d'avoir pitié d'eux, & de les délivrer d'un ennemi ſi incommode. Il arriva devant la ville le 20 Juin. Les habitans, malgré la marche de Maurice, refuſerent de recevoir garniſon Eſpagnole, d'autant plus qu'ils avoient fait venir dans la ville mille payſans pour travailler aux fortifications. Ces payſans le firent avec ardeur, parce qu'ils étoient bien payés par les ſoins des Magiſtrats, qui, afin d'y pouvoir fournir, avoient fait frapper cette piece de cuivre jaune. Maurice décampa de devant

devant Groningue, le sixieme jour après son arrivée; son but étoit de s'emparer des forteresses d'alentour, & de bloquer par ce moyen la ville, en attendant une autre occasion pour la prendre. Pl. X N°. 3.

Sur cette piece, qui est sans revers, on voit les armes de Groningue, au-dessus desquelles est la premiere lettre du nom de la ville, & au bas l'année 1591. Van Loon, Tom. I, p. 412.

Assiégée par l'Evêque de Munster, 1672.

L'ARMÉE des Evêques de Munster & de Cologne s'étant emparée d'Overissel & de Coevorde, parut le 17 Juillet devant Groningue, capitale de la province du même nom. Les bourgeois avoient eu la précaution de détruire tout ce qui étoit autour des remparts, & de mettre les environs sous l'eau, de sorte que la place ne pouvoit être attaquée que du côté qui regarde le pays de Drente. Par ce moyen la ville conserva toujours la communication avec ses dehors, & la garnison étoit renforcée aussi souvent que le besoin le requéroit. Les ennemis tirerent sur la ville à boulets rouges; mais les assiégés se défendirent bravement, & firent plusieurs sorties heureuses. Enfin l'ennemi voyant presque tout son canon démonté, ses mortiers ou crevés ou hors d'état de servir, son armée diminuée de la moitié & ses tranchées remplies d'eau, prit le parti de lever le siége la nuit du 26 au 27 Août. Ce fut pendant ce siége que la ville fit frapper quatre différentes sortes de pieces, quoique le trésor d'ailleurs se trouvât bien garni: elles sont toutes d'argent.

Cette piece porte les armes de Groningue; dans le champ *12 ½ stuyvers*, & pour légende *Jure & tempore* (par le droit & avec le tems) 1672. C'est un quart de rixdale, qui pese 1 gros ½, 24 grains. Cab. de M. de Boullongne. Pl. XVII, N°. 3.

Il y a eu trois autres pieces du même coin, mais de différentes valeurs, ſavoir, de 6 ¼ ſtuyvers ou ſols, de 50 ſtuyvers & de 25. *Voy.* Van Loon, Tom. III, p. 90.

GRAND WARADIN,

Ville forte de la haute Hongrie, avec une bonne citadelle, bloquée par François Ragotski, 1708.

François Ragotski s'étant ſauvé en 1703 de la priſon où il étoit détenu par l'Empereur à Neuſtadt en Autriche, ſe rendit auprès des mécontens en Hongrie, d'où il dévaſtoit & faiſoit des incurſions ſur les frontieres de l'Autriche. Ragotski brûloit d'envie de ſe rendre maître du Grand Waradin, qu'il regardoit comme la clef de la Tranſilvanie ; mais n'étant pas aſſez en force pour en faire le ſiége dans les formes, il ſe contenta de le bloquer & de couper les vivres, de ſorte que le Gouverneur, Etienne Baron de Becker, ſe trouva très-embarraſſé, & ſouffrit beaucoup de la diſette de vivres & d'argent, ce qui l'obligea de faire frapper des monnoies de cuivre, avec promeſſe de les échanger dans le tems contre de bonnes monnoies. Dans cet intervalle le Général Heiſter défit entiérement, au mois d'Août 1708, l'armée de Ragotski, qui fut lui-même bleſſé au viſage, & obligé de ſe ſauver à Erla.

Pl. XVIII, N°. 6. Sur cette piece ſe voit un I, lettre initiale du nom de l'Empereur Joſeph, ſurmonté d'une couronne impériale, & dans le champ 1708. Le revers porte cette Inſcription : *In neceſſitate Varadienſi* (dans les beſoins du Grand Waradin). Koehler, Tom. XXI pag. 305.

GUILLAUME,

Duc de Juliers,

En guerre contre Charles-Quint, 1543.

Charles-Quint étant en guerre avec le Duc de Cleves & de Juliers, le Roi de France & celui de Dannemarck, assembla dans les Pays-Bas une armée avec laquelle il attaqua la ville de Duren, située sur les frontieres du pays de Cologne, que le Commandant Gerard van Vlatten defendit pour le Duc de Cleves. Elle fut prise d'assaut le 24 Août, après quoi les villes de Sittard, Juliers & autres porterent à l'Empereur leurs clefs; de sorte qu'avant la fin du même mois, il se vit maître de tout le duché de Juliers.

Dans cet intervalle on frappa dans Juliers cette piece de nécessité; elle porte le lion de Juliers, qui est noir sur un fond d'or, ayant une langue rouge & des dents & griffes d'argent, avec l'année (15)43. *Voy.* Mieris, Tom. III, p. 76; Klotz, p. 51; Luckius, p. 106. Pl. XXI, N°. 4.

GUSTAVE I,

Roi de Suede,

En guerre contre Christiern II, Roi de Dannemarck & de Suede, 1521.

Gustave I, dit Vasa, fils d'Eric Vasa, petit neveu du Roi Charles Canutzon, s'étant échappé en 1521 de la prison où le retenoit Christiern II, Roi de Dannemarck & de Suede, se fit un parti dans ce dernier royaume contre les cruautés de Christiern. Gustave fut élu Roi, & Christiern II chassé du royaume. Ce fut à cette occasion qu'il fit frapper des pieces de nécessité pour payer ses troupes.

Pl. XX. N°. 1. Cette piece représente le Prince à mi-corps, & au revers un G, lettre initiale de son nom; trois couronnes, armes de Suede, & deux fleches, qui sont celles de Dalécarlie, où ce Roi fut en premier lieu reçu & reconnu.

N°. 2. Sur la seconde piece on voit le même Prince, mais d'un coin différent. Au revers les mêmes armes avec le G au-dessous. La légende porte *Erison* (fils d'Eric). Toutes les deux pieces sont tirées de Brenner, p. 48; & de Klotz, p. 49. *Voy.* aussi Eric, Georg. Tegel, in *histor. Gust. I*, p. 19.

HARLEM,

Assiégée par les Espagnols en 1572 & 1573.

HARLEMIUM, ville considérable des Provinces-Unies dans la Hollande. Le Duc d'Albe ayant résolu d'attaquer la ville de Harlem, confia l'exécution de ce dessein à son fils, Don Frédéric, qui fit investir cette ville le 11 Décembre par une armée de plus de vingt-cinq mille hommes. Les bourgeois résolurent de se défendre & de soutenir la garnison qui n'étoit que de 1200 hommes. Par un travail infatigable on mit la ville en état de défense, & on y fit entrer des troupes & des vivres. La disette augmentant, on fut obligé, avant la fin de cette année, de frapper des pieces de nécessité.

Pl. II, N°. 5. La premiere piece étoit de la valeur de trente sols; elle représente au-dessus de l'an 1572, les armes de Harlem. On y voit un autre petit écusson, où est une tête de mort. Sur le *revers* on lit ces mots hollandois, qui apparemment y ont été gravés dans des tems postérieurs,

postérieurs : *Haarlem, van den tiran Alba Belegert, heeft door noot dit geld geslagen* (Harlem assiégée par le tyran le Duc d'Albe, a frappé par nécessité cette monnoie). Van Loon, P. I, p. 159.

Celle-ci est d'argent & octogone. On voit au milieu les armes de Harlem, à droite celles de la province de Hollande, en haut un petit écusson avec trois étoiles, & au bas l'année 1572. Koehler, Tom. VI, p. 81. Pl. II N° 6.

Piece d'argent en losange ; elle valoit trente sols. En haut une petite étoile, au milieu les armes de Harlem, & au bas 1572. Van Loon, Tom. I, p. 159. Le même auteur donne une piece de pareil coin, mais plus petite, ne valant que 15 sols. N°. 7.

Autre piece octogone, de la même valeur & du même coin, excepté qu'il y a un croissant sous l'étoile, & que les armes de Hollande sont à gauche, *ibid.* Il se trouve au même endroit une autre piece semblable, mais plus petite & plus épaisse. N°. 8.

Cette piece valoit trente sols ; outre les armes de Harlem & l'an 1572, on voit un autre petit écusson avec trois étoiles. *Ibid.* N°. 9.

Celle-ci a aussi eu cours pour trente sols & représente en lozange les mêmes armes & la même époque. On voit dans le coin en haut une étoile & un croissant, comme au n°. 8. Au revers on lit ces deux vers latins : N°. 10.

Urbs Haarlem Albani castris obsessa tyranni,
Strenua militibus causa necessa dedit.

(Harlem, assiégée par l'armée du tyran d'Albe, a donné ces pieces-ci aux soldats dans une urgente nécessité). Il y a toute apparence qu'après la fin du siége quelque curieux les y aura gravés, afin que la poſtérité n'ignorât point à quelle occaſion elles avoient été frappées. *Ibid.*

N°. 11. C'eſt une piece ronde, où il ne ſe trouve que les armes de la ville ſans date. *Ibid.*

Le ſiége de Harlem, commencé en 1572, continua encore une partie de l'année 1573.

Quoique les Eſpagnols euſſent trouvé le moyen de couper tout ſecours à la ville, les aſſiégés ſe défendirent bravement & firent pluſieurs ſorties heureuſes. La diſette augmentant, les Magiſtrats furent obligés de faire encore frapper cette année pluſieurs pieces de néceſſité. La ville réduite alors à la derniere miſere, éprouva toutes les horreurs de la famine, & fut obligée de ſe rendre par capitulation conclue le 13 Juillet; mais Don Frédéric ne tint compte de ſa parole, & les Eſpagnols exercerent des cruautés ſi inouïes, qu'on auroit de la peine à les croire.

Pl. III, N°. 7. Cette piece ne faiſoit que la huitieme partie de la ſuivante. Outre les armes de Harlem, on y voit encore un lys dans un petit écuſſon; du côté droit un autre écuſſon, qui eſt vide, & en haut un petit trou. Dans le champ 1573. Van Loon, Tom. I, p. 160.

N°. 8. Celle-ci étoit de la valeur de trente ſols; elle porte les mêmes armes & la même année; vers le haut un petit écuſſon avec un globe, & du côté droit les armes de Hollande, pour marque que cette province a échangé ces pieces dans la ſuite. *Ibid.* Luckius p. 245.

N°. 9. Cette piece ne faiſoit que la ſixieme partie de la précédente. Au milieu ſont les armes de Harlem & l'année, & au-deſſous un petit écuſſon avec trois étoiles. Van Loon. *Ibid.*

N°. 10. Celle-ci préſente les mêmes armes & la même année. Au revers la deviſe ordinaire de Harlem : *vincit vim virtus* (le courage vient à bout de la force) au milieu d'une couronne civique. Van Loon, *ibid.* Luckius, p. 245.

La mémoire des malheurs de cette ville est conservée sur cette piece de nécessité, où l'on n'a fait que graver au burin ce qui a du rapport à la prise de la ville; car dans ce tems-là on ne songeoit gueres à Harlem à frapper des médailles. A la tête on voit les armes de la ville, & au revers un bourgeois entouré de ce mot, *Haerlem.* Au-dessous de lui on voit une tête de mort appuyée sur quelques ossemens, pour marquer le grand nombre de ceux qui avoient péri dans la ville pendant & après le siége. L'Inscription hollandoise, qui se trouve de l'un & de l'autre côté de cette piece, consiste en ces deux vers : Pl. III, N°. 11.

Des coninks Macht en heeft min niet bedwongen;
Dan door den honger ben ik verslonne.

(Les forces du Roi ne m'ont pas abattu, mais c'est la faim qui m'a vaincu). Van Loon, Tome I, p. 163.

HENRI DE LORRAINE,

DUC DE GUISE.

Révolte à Naples, 1648.

EN 1647 un Jardinier ayant refusé à Naples de payer l'entrée, la populace s'ameuta. Le Vice-Roi s'étant sauvé, le peuple déclara *Masaniello* chef des habitans. Le Cardinal Filomarino, Archevêque de Naples, traita avec les rebelles & obtint du Vice-Roi l'abolition de tous les droits imposés depuis Charles-Quint. Cet accommodement fut signé du Vice-Roi & de Masaniello dans l'église cathédrale le 11 Juillet. Masaniello fut massacré le 16 dans le couvent des Carmes. Le lendemain le peuple reprit les armes ; & élut pour son chef François Toraldo, Prince de Massa, lequel étant devenu suspect, eut la tête tranchée ; on mit à sa place Gennaro Annese, homme du peuple, lequel par le canal de Louis Ferri, Romain, entretint une intelligence secrette avec les Ministres de France à Rome, & appela Henri de Lorraine, Duc de Guise. Il arriva à Naples, où il prit le commandement, & la ville fit battre les pieces suivantes au commencement de l'année 1648.

Pl. XXIV. N°. 5. Cette piece porte : *Henricus de Lorena*, *Dux Reipublicæ Neapolitanæ* (Henri de Lorraine, Duc de la République de Naples). Au milieu dans un cartouche couronné : *S*enatus *P*opulus Que *N*eapolitanus (le Senat & le Peuple de Naples). Au revers *S*ancte *J*anuari *rege & protege* nos (Saint Janvier, gouvernez & protégez-nous). 1648. Elle est d'argent, & se trouve dans le cabinet de M. de Boullongne. *Voy.* Vergara, p. 120. Elle valoit quinze grains.

N°. 6. *Henricus de Lorena*, *Dux Reipublicæ Neapolitanæ*. Au milieu comme sur la piece précédente. Au revers se trouvent trois épis de bled & un olivier croisés ensemble, qui font une espece de bouquet. On lit autour : *Pax & ubertas* (la paix & l'abondance). 1648. Dans le champ G A C, & au bas une étoile. Cuivre. Cab. de M. de Boullongne. *Voy.* Vergara, p. 121, n°. 15, où il y a un animal. Elle valoit trois tornesis.

N°. 7. *Henricus de Lorena*, *Dux Reipublicæ Neapolitanæ*. Au milieu comme sur la précédente. Au revers : *Hinc libertas* (c'est de là que naît la liberté) 1648. Dans le champ un pannier de fruit (à cause que cette révolte commença au marché par les fruitiers) & au bas G A C. Elle est de cuivre au même cabinet. *Voy.* Vergara, p. 121, n°. 16. Sa valeur étoit de deux tornesis.

Henricus

Henricus de Lorena, *Dux Rei*publicæ *N*eapolitanæ. Au milieu comme ſur la précédente. Revers : une grappe de raiſin, & autour *Letificat* (elle réjouit le cœur). Dans le champ G A C, & une petite croix. Elle eſt de cuivre, au même cabinet. *Voy.* Vergara, p. 121, n°. 17, où il y a une couronne. Elle valoit un torneſi. Pl. XXIV. N°. 8.

Le 6 Avril de la même année, Don Juan d'Autriche entre dans Naples par le moyen des intelligences qu'il y avoit, & ſe rend maître de la ville ſans aucune réſiſtance. Le Duc de Guiſe étoit alors abſent. Il fait des efforts inutiles pour rentrer dans Naples, mais obligé de ſe retirer, il tombe dans une embuſcade, où il eſt pris. Il fut conduit en Eſpagne, & ne reçouvra ſa liberté qu'en 1652.

J A M E T Z,

Aſſiégée par Charles III, Duc de Lorraine, 1588.

Jametz, Gematium, capitale d'une ſeigneurie de même nom dans la Lorraine ; elle appartenoit autrefois au Duc de Bouillon.

Jametz étant un fief dépendant du duché de Lorraine, devoit retourner à ce duché par la félonie du Duc de Bouillon, qui conduiſit une armée proteſtante à travers la Lorraine, où elle commit beaucoup d'actes d'hoſtilités & brûla pluſieurs villages. Le Duc de Lorraine fit inveſtir cette ville dès le mois de Décembre 1587, & le Baron de Hauſſonville fut chargé de la conduite du ſiége. Le ſieur de Schelandre, Gouverneur de Jametz, étoit un capitaine de valeur & d'expérience, qui n'oublia rien pour fortifier cette place & pour la bien défendre. Comme on y manquoit d'argent, il fit d'abord une levée de deniers ſur les habitans, pour payer les troupes ; mais ce remede ne ſuffiſant pas, il fit frapper de la monnoie de cuivre & d'étain, avec ordre de la recevoir, promettant qu'à la fin de la guerre on échangeroit cette monnoie contre d'autres pieces de meilleur aloi. Malgré la mort du Duc de Bouillon, les assiégés se défendirent avec la derniere vigueur. Le 16 Avril 1588, les Lorrains donnerent l'assaut en trois endroits, & ils furent repoussés avec grande perte. Le siége recommença, mais à la fin la paix fut conclue entre le Duc de Lorraine & la Duchesse de Bouillon, & la ville de Jametz fut mise le 29 Décembre de la même année entre les mains du Duc. *Voy.* Luckius, p. 311; Klotz, p. 103; & Dom Calmet.

Pl. XIII, N°. 4. A la tête se trouve un monogramme, & au revers un château, avec un autre monogramme. Aux deux côtés le mot Jametz & 1588.

JACQUES II.

JACQUES II, fils de Charles I, Roi d'Angleterre, & de Henriette, fille de Henri IV, Roi de France, fut proclamé Roi d'Angleterre à Londres le 16 Février 1685. Ayant abjuré le schisme & l'hérésie dès l'an 1671, il fit profession ouverte de la religion catholique sur le trône, & deux jours après y être monté il alla publiquement à la messe. Toutes les sectes s'alarmerent également de la protection qu'il accorda à la religion catholique, & Guillaume, Prince d'Orange, son gendre, Stadthouder de Hollande, disposa par ses émissaires le peuple à la révolte.

En 1688, le Prince d'Orange mit à la voile avec cinquante vaisseaux de guerre, & débarqua le 15 Novembre à Torbay, dans le Devonshire. Cet infortuné Roi se voyant attaqué par un de ses gendres & abandonné des siens, prit le parti de la fuite; mais ayant été arrêté, il fut ramené à Londres, & de là conduit comme prisonnier à Rochester, d'où il s'échappa & alla chercher un asyle en France. Il arriva à Saint-Germain-en-Laye le 7 Janvier 1689, & au mois de Mars ſuivant il s'embarqua à Breſt pour l'Irlande, que le Comte de Tyrconel conſervoit dans l'obéiſſance. Le 11 Juillet 1690 il perdit la bataille de la Boyne, après quoi il reprit la route de France, où il mourut à Saint-Germain le 16 Septembre 1701.

Les pieces ſuivantes commencerent à être frappées en 1689, lorſque Jacques II deſcendit en Irlande, n'ayant pas de quoi payer la ſolde de ſes troupes. Elles ſont de bronze, & ont été frappées des débris de vieux canons crevés. Il promit de les échanger pour de bonnes pieces, lorſqu'il ſeroit rétabli dans ſes royaumes; mais après la révolution, le Roi Guillaume les réduiſit à leur valeur réelle.

La premiere eſt de trente ſols, valant une demi-couronne : elle porte : *Jacobus II, Dei gratiâ* (Jacques II, par la grace de Dieu). ℟. *magnæ Britanniæ*, *Franciæ & Hiberniæ Rex* (Roi de la grande Bretagne, France & Irlande). *1689*. XXX dénotent la valeur. *J. R.* (Jacobus Rex) *Julii* (Juillet). En nature. Pl. XXV; N°. 3.

On en a auſſi frappé aux mois de Septembre & Octobre 1689, & en Mars & Mai 1690.

Celle-ci eſt de douze ſols, faiſant un ſchelin. Elle eſt du mois de Février, mêmes type & légendes. En nature. N°. 4.

Il s'en trouve auſſi des mois d'Août, Septembre Octobre & Novembre 1689, & des mois de Mars, Avril, Mai & Juin 1690.

Autre de ſix ſols ou un demi-ſchelin, frappée au mois de Juin 1689. Mêmes type & légendes. En nature. N°. 5.

Il y en a auſſi des mois de Janvier & Août de la même année, & du mois de Mai 1690.

Ecu d'Angleterre ou couronne. Le Roi paroît à cheval, armé de toutes pieces, avec cette légende : *Jacobus II, Dei gratiâ magnæ Britanniæ, Franciæ & Hiberniæ Rex*. ℟. *Chriſto victore* N°. 6.

triumpho (je triomphe par le ſecours de Jéſus-Chriſt vainqueur). L'an 1690. En nature.

Pl. XXV, N°. 7. Celle-ci eſt auſſi de cuivre. La tête du Roi couronnée de laurier. ℟. *Hibernia* (Irlande) 1691. L'année eſt ici anticipée. L'Irlande ſous l'emblême d'une femme, appuyant le bras gauche ſur une harpe, & montrant de la droite une croix, dans la vue d'animer le zele des Catholiques.

N°. 8. Le Roi paroît à cheval, tenant un bâton de commandement, avec la même légende qu'au n°. 6. ℟. *Real*is *hiſpan*ici *val*oris, 24 *Mart*ii (de la valeur d'une réale d'Eſpagne, le 24 Mars). Cette légende fait voir qu'elle valoit ſix ſols ou un demi-ſchelin. Elle eſt de plomb. *Voy*. Van Loon, Tom. IV, p. 2, Tom. III, p. 432; Klotz, p. 63.

JEAN-BASILE HERACLES,

Deſpote, contre Alexandre, Vaivode de Moldavie.

Cet aventurier, Grec de nation, ſe vantoit de deſcendre des Paléologues de Conſtantinople, mais en effet il avoit été domeſtique d'un Deſpote de Samo, nommé Jacques, dont il prit le nom & enleva la généalogie. Il ſe rendit chez Alexandre, Vaivode de Moldavie, diſant être parent de ſa femme; mais ſa fourberie ayant été découverte, & voulant exciter les ſujets à ſe révolter en ſa faveur, il fut obligé de prendre la fuite. Secouru par l'Empereur Ferdinand, il fit une invaſion en Moldavie, & obligea Alexandre de ſe ſauver à Conſtantinople. Enfin il fut reconnu Prince de Moldavie; mais ayant tout dépenſé, & n'ayant pas de quoi payer la ſolde des troupes, ni le tribut qu'il avoit promis à la Porte Ottomane, il prit un chandelier d'argent maſſif d'un grand

grand poids, qu'Alexandre avoit donné aux moines Grecs, nommé *calſieri*, & il en fit faire de la monnoie.

C'eſt un écu d'argent, portant : *Heraclidis Deſpotæ, Patris Patriæ* (Monnoie de Heracles, Deſpote, Pere de la Patrie) 1562. ℞. *Vindex & defenſor libertatis Patriæ* (vengeur & défenſeur de la liberté de la Patrie). Pl. XXII; N°. 7.

Lorſqu'il fut reconnu Prince de Moldavie, il prit le nom de Jean. Sa cruauté & les impôts exorbitans qu'il mit ſur ſes ſujets, les porterent à ſe révolter; il s'enferma dans un château nommé Huttin; mais ayant été obligé de ſe rendre le 5 Novembre 1563, il fut aſſommé par un nommé Tomſa.

JEAN FRÉDERIC,

ELECTEUR DE SAXE, 1542

Guerre de Smalcalde contre Maurice, Duc de Saxe.

CET Electeur étoit chef de la ligue de Smalcalde, formée par les proteſtans; après avoir levé le ſiége de Leipſic, il s'empara non ſeulement de ſes anciennes poſſeſſions en Thuringe & en Miſnie, mais auſſi de tout le pays du Duc Maurice de Saxe, excepté Dreſde & Leipſic. L'évêché de Magdebourg & la ville de Halberſtadt tomberent auſſi entre ſes mains. L'Empereur envoya des troupes à Maurice, ſous le commandement d'Albert, Marquis de Brandebourg, mais celles de l'Electeur, commandées par le Duc Erneſt de Lunebourg & le Comte de Mansfeld, battirent le Marquis & le firent priſonnier, ainſi que la plupart de ſes ſoldats. L'Electeur, pour pouſſer cette guerre, fit frapper de ſa vaiſſelle d'argent & autres bijoux ces pieces de néceſſité.

Cette piece porte : *H*ertzog *H*ans *F*riderich *K*urfurſt (le N°. 1.

R

Duc Jean-Frédéric, Electeur. Les armes de la dignité d'Archimaréchal & celles de Saxe, 1547.

Pl. XXII, N° 2. Autre d'un coin différent. Mieris en a auſſi une demie.

N°. 3. Autre qui differe encore.

Toutes les trois ſont d'argent & ſans revers. *Voyez* Klotz, p. 52; Luckius, p. 113; & Mieris, Tom. III, p. 166, qui nous en a donné les figures.

JEAN-GEORGE DE BRANDEBOURG,

Contre le Cardinal de Lorraine, 1592.

Après la mort de Jean, Evêque de Strasbourg, de la Maiſon des Comtes de Manderſcheid, arrivée le 2 Mai 1592, on procéda à une nouvelle élection. Les Chanoines luthériens s'aſſemblèrent à Strasbourg, & élurent pour Evêque le Prince Jean-George de Brandebourg, neveu de l'Electeur de Brandebourg. Les Chanoines catholiques tinrent leur aſſemblée à Saverne, & élurent Charles, Cardinal de Lorraine. Chaque parti s'empara de pluſieurs places en Alſace : à la fin on fit un accommodement, par lequel on convint que le Cardinal de Lorraine garderoit tout l'évêché de Strasbourg, moyennant 9000 florins qu'il payeroit annuellement au prince Jean-George de Brandebourg.

Pl. X, N°. 4. Cette piece, qui eſt une monnoie de néceſſité, fut frappée par ordre du Prince de Brandebourg, afin de pouvoir payer ſes troupes.

Elle eſt d'argent & contient trois écus : le premier écu renferme quatre quartiers; dans le premier ſont les armes de l'Évêché de Strasbourg; dans le ſecond celles du Burgraviat de Nuremberg; dans le troiſieme les armes de Brandebourg; & dans le quatrieme celles du Landgraviat d'Alſace. Le ſecond écu contient les armes du Chapitre de Strasbourg, qui ſont la Sainte Vierge avec l'Enfant Jéſus : & le troiſieme écu repréſente les armes de la ville de Strasbourg. Dans le champ on voit l'année 1592, & au bas les chiffres 80, qui dénotent la valeur de 80 creutzers. Elle peſe 7 gros 30 grains. Cabinet de M. Aumont, Joachimi, premiere partie, p. 67 ; Luckius en donne une autre du même coin, & de la valeur de dix batzes.

JEAN-SIGISMOND DE SEPUSE OU ZAPOLSKI.

Contre Maximilien, Roi de Hongrie, 1565.

Jean-Zapolski I, Roi de Hongrie, Vaivode de Tranſilvanie, meurt à Hermanſtad en 1540 ; ſon fils, Jean Sigiſmond étoit né quelques jours auparavant. Ce prince cede la Tranſilvanie & ſes prétentions ſur la Hongrie au Roi Ferdinand, qui lui donne en échange les principautés d'Oppelen & de Ratibor en Sileſie. Les Tranſilvaniens, irrités de la conduite deſpotique de Ferdinand, rappellent Jean-Sigiſmond, ſoutenu par le Grand Seigneur Soliman II. Ferdinand cede en 1563 la Hongrie à ſon fils Maximilien, contre qui Jean Sigiſmond prit les armes, étant toujours ſoutenu par les Turcs & les rebelles Hongrois. Les Turcs, en prenant ſon parti, exigerent qu'il tiendroit d'eux en fief le royaume de Hongrie, & qu'il porteroit dans ſes armes, à ce que quelques-uns prétendent, un chien, vu que les Turcs regardent les Chrétiens comme des chiens ; mais c'eſt une pure fable, & la ſeule inſpection de cette piece prouve le contraire. Elle repréſente plutôt les armes des ancêtres de Jean de Sepuſe, qui ſont un renard. On croit qu'elle a été frappée après la mort de Ferdinand, lorſqu'il prit les armes contre Maximilien.

Pl. XXIII, N°. 1. C'est un écu de figure ronde, sans revers. On voit un renard, (ou un loup) debout, à la tête duquel on apperçoit la lune & une étoile, armes de la famille de Sepuse. Au bas 1565, & au-dessus : *J*ohannes *S*epusius *Rex Ung*ariæ.

C'est pendant cette guerre que Jean Sigismond Zapolski fit frapper cet écu pour subvenir aux frais de la guerre. Zundman, pag. 96; Luckius, p. 214; Klotz, p. 57; Lochner, Tom. VI, p. 245.

JULIERS,

Guerre au sujet de la succession de Juliers : elle est assiégée par le Prince Maurice de Nassau en 1610.

JULIANUM, capitale du duché de même nom en Westphalie.

Jean-Guillaume, Duc de Juliers, de Cleves & de Bergues, Comte de la Mark, Ravenstein, Ravensberg, &c. décéda le 15 Mars 1609, sans laisser d'enfans légitimes, ce qui alluma une guerre violente. Jean Sigismond, Electeur de Brandebourg, avoit épousé en 1572 Anne, fille d'Albert-Frédéric, Marquis de Brandebourg & de Marie-Eléonor, sœur aînée du Duc défunt; Charles d'Autriche, Marquis de Burgau, avoit épousé en 1604 Sybille, sœur du défunt, & demandoit sa portion de l'héritage. Un tiers de cette succession fut demandé par les fils de Jean, Duc de Deux-Ponts, à cause de leur mere Madeleine, troisieme sœur du Comte Palatin décédé, qui s'étoit mariée avec leur pere en 1579; Wolfgang Guillaume, fils de Philippe-Louis, Comte Palatin de Neubourg, qui avoit épousé en 1574 Anne-Madeleine, seconde sœur du Prince défunt, prétendoit au même droit; l'Empereur Rudolphe déclara que ces états étoient séquestrés entre ses mains, & il nomma pour administrateur son cousin, l'Archiduc Léopold, Evêque

Evêque de Strasbourg, qui prit la ville & le château de Juliers, où il mit, au nom de l'Empire, une forte garnison commandée par Jean de Rauschenberg; Ernest-Philippe de Brandebourg, qui représentoit son frere, & Wolfgang Guillaume s'unirent pour prendre possession de ces pays, & agirent de concert sous le nom *de Princes possesseurs*. La Maison de Saxe, très-mécontente de cette conduite, fit extrêmement valoir ses droits sur les Duchés de Juliers & de Bergue; la France, l'Angleterre & les Etats-Généraux donnerent des troupes auxiliaires aux Princes possesseurs; Maurice, Général des Hollandois, mit le siége devant Juliers, & ouvrit la tranchée le 29 Juillet 1610. Le Colonel Jean de Rauschenberg, fit fondre sa vaisselle d'argent & en fit frapper différentes pieces, tant pour payer la garnison, que pour récompenser ceux qui se distingueroient; mais cette place, réputée imprenable, fut obligée de se rendre le premier Septembre suivant.

Cette piece porte les chiffres II, qui dénotent la valeur de deux livres; ensuite les lettres I. V. R. Jean Van Rauschenberg, Gouverneur de la ville, & au bas l'année 1610. (Quelques-uns interprètent ces lettres ainsi: *Vivat Imperator Rudolphus*). Van Loon, Part. II, p. 70. Pl. X, N°. 12.

Celle-ci valoit cinq livres, comme l'indiquent les chiffres IIIII. Au milieu on voit un *R* couronné, qui est la lettre initiale du nom du Gouverneur. Sous cette lettre se trouve l'an 1610, avec la lettre L, qui désigne apparemment l'Archiduc Léopold, Administrateur des états du feu Duc de Cleves. *Ibid.* Klotz, p. 106, rapporte qu'il y a d'autres pieces de différens coins & de diverses valeurs. Pl. XI, N°. 1.

Assiégée par le Comte Henri de Bergue, 1621.

Après la mort de l'Archiduc Albert, Gouverneur des Pays-Bas, la trève étant finie, Spinola fit investir rapidement la ville de Juliers par le Comte Henri de Bergue, pendant qu'avec le reste de son armée il observoit lui-même Maurice, Prince d'Orange, & s'emparoit de plusieurs places. Le Comte de Bergue fit enlever les bestiaux qui paissoient autour de la ville, ce qui causa une grande disette de viande. Frédéric Pythaan, Gouverneur de la ville, avoit en outre négligé d'y faire transporter à tems le bled qui se trouvoit dans les villages voisins. Les assiégés étant réduits à la dernière extrémité, entrerent en pour-parler avec les Espagnols. La capitulation fut conclue le 22 Janvier 1622, & la ville ainsi que la citadelle furent livrées le 2 Février par le Gouverneur qui, pour fournir aux besoins de ses troupes, avoit fait frapper les pieces d'argent suivantes. On ne sait pas au juste la valeur qu'on avoit donnée à ces pieces.

Pl. XI, Sur celle-ci se trouve le monogramme de Frédéric Pythaan,
N°. 2. 1621. *In Gulich Belegerd* (assiégé dans la ville de Juliers). Autour on voit sept écussons avec le même monogramme, l'an 1621 & 2 sols, c'est-à-dire, sept fois la valeur du n°. 6, ce qui fait en total 14 sols. Van Loon, Part. II, p. 138.

N°. 3. Au milieu on apperçoit la même Inscription que sur la précédente, cinq écussons, l'an 1621 & 4 sols, valeur du n°. 7, ce qui fait 20 sols.

N°. 4. Même Inscription & quatre écussons, 1621, 2 sols, ce qui veut dire 8 sols.

N°. 5. Même Inscription sans écussons.

N°. 6. Cette piece est de 2 sols.

N°. 7. Même Inscription, & de la valeur de 4 sols.

LANDAU,

Assiégée par les Impériaux en 1702.

LANDAVIA, ville très-forte de France dans la Basse-Alsace, autrefois impériale. Le Prince Louis de Bade, à qui l'Empereur avoit donné le commandement de l'armée sur le Rhin, bloqua au mois de Juin la ville de Landau, où il n'y avoit que trois mille hommes de garnison, mais elle avoit été extrêmement fortifiée en 1681 par M. de Vauban. Le 19 on ouvrit la tranchée, & le 27 Juillet le Roi des Romains arriva au camp. La nuit du 14 au 15 Août les assiégeans emporterent la contrescarpe, & le 9 Septembre l'ouvrage à corne, ce qui obligea le Gouverneur à se rendre, & la capitulation fut signée le 10.

Dans le tems que la ville n'étoit encore que bloquée, le Comte de Linange avoit pris un brigadier & plusieurs autres Officiers François avec leurs domestiques, qui vouloient se jeter dans la place avec des grosses sommes en or; ainsi M. de Melac manquant d'argent, se vit obligé, pour fournir à la paye des soldats, de faire couper sa vaisselle dont on fabriqua les pieces suivantes.

Cette piece est marquée aux armes du Gouverneur : l'écu est partie fascé d'argent & de gueules, & d'or à la griffe de lion de sable. On voit au bas le prix, le nom de la ville & l'année du siége, avec quatre fleurs de lys sur les bords ; elle est d'argent & pese 1 gros 48 grains. (en nature). Pl. XVII, N°. 8.

Celle-ci, qui est aussi d'argent, a une forme presque octogone ; elle est timbrée de six fleurs de lys & pese 3 gros 22 grains. (en nature). N°. 9.

Cette piece est aussi d'argent, mais elle a une forme différente. On y voit les mêmes armes, la valeur & l'année, avec neuf fleurs de lys sur les bords. Van Loon, Tom. IV, p. 383. Pl. XVIII, N°. 1.

Pl. XVIII, N°. 2. Celle-ci eſt encore d'argent & peſe 3 gros 21 grains. Elle a huit fleurs de lys ſur les bords. (en nature).

N°. 3. Cette piece eſt d'une forme différente & a neuf fleurs de lys ſur les bords. Van Loon, Tom. IV, p. 383.

J'ai vu une autre piece d'une forme un peu différente, & avec ſept fleurs de lys ſeulement, ou 4 liv. 4 ſols. Landau & l'année ſont marqués en haut au-deſſus des armes.

Aſſiégée par les François en 1713.

Les François, après s'être emparés de Spire, de Kayſerlautern, de Wolfſtein, de Vorms & de pluſieurs autres places (ſous le Maréchal de Bezons) inveſtirent Landau le 22 du mois de Juin, (ou du 24 au 25, *l. a. de v. l. d.*) & ouvrirent la tranchée la nuit du 27 au 28. La garniſon étoit de ſept à huit mille hommes ſous les ordres du Prince Alexandre de Wirtemberg qui diſputa le terrein pied à pied, fit de fréquentes & vigoureuſes ſorties, combla ſouvent les travaux, fit périr bien du monde par les mines, & obligea par là les François à changer leurs approches. Ils les pouſſerent néanmoins avec tant de bravoure, qu'ayant emporté tous les dehors, & l'armée impériale étant trop foible pour entreprendre d'y jeter du ſecours, ils ſe préparerent à donner l'aſſaut au corps de la place. Le prince de Wirtemberg, réduit à cette extrémité, fit arborer le drapeau blanc; mais comme on ne put convenir des conditions, les hoſtilités recommencerent ſur le champ. Il fallut cependant, dès le lendemain, demander une ſeconde fois à capituler, & ſe rendre priſonniers de guerre, lui & ſa garniſon, qui étoit encore de quatre mille hommes, & qui fut conduite à Haguenau. Le 21 Août les François occuperent la porte d'Allemagne, & le lendemain ils entrerent dans la ville.

Pendant

Pendant le siége, le Gouverneur avoit été obligé de faire fabriquer les pieces d'argent & d'or suivantes.

Celle-ci porte au milieu les armes du Duc de Wirtemberg, entourées des lettres initiales de *C*arl. *A*lexander *H*ertzog *Z*u *W*urtemberg (Charles-Alexandre Duc de Wirtemberg) & au-dessous le millésime *1713*. Aux quatre coins son chiffre surmonté d'une couronne ducale. Au haut de la piece : *Pro Cæsare & Imperio* (pour l'Empereur & l'Empire), & au bas : *Bel*agerung *Landau* (siége de Landau) 2 *fl*orins 8 x (creutzers) ou une rixdale. Elle pese 5 gros ½ 13 grains. Cab. de M. de Boullongne. Pl. XIX. N°. 7.

C'est une demi-rixdale, & du même coin que la précédente. Elle est marquée au bas *1 fl*orin 4 x (creutzers), & pese 2 gros ½ 21 grains. Même cabinet. N°. 8.

Celle-ci a au milieu le chiffre du Gouverneur, & aux quatre coins ses armes avec le millésime 1713. Les légendes sont les mêmes; la valeur n'est que d'un demi-florin 2 creutzers. Elle pese 1 gros 28 grains. Même cabinet. N°. 9.

Elle est d'or & du même coin, excepté la légende; au bas est marquée la valeur *1 .dopp*el (un double ducat). Hist. métall. des Pays-Bas, Tom. V. p. 237. N°. 10.

LEIPSIC.

Leipsia, ville d'Allemagne en Misnie, au cercle de la haute Saxe. Elle fut assiégée en 1547. *Voy.* Maurice de Saxe.

LEYDE,

Assiégée par les Espagnols en 1573.

Lugdunum Batavorum, ville des Provinces-Unies, capitale

du Rheinland. C'eſt la plus belle ville des Provinces-Unies après Amſterdam.

Don Frédéric ayant été obligé de lever le ſiége d'Alcmar, voulut ſe dédommager de ce mauvais ſuccès par la priſe de la ville de Leyde, dans laquelle il ſavoit que les vivres manquoient. Baldez, chargé de cette expédition, inveſtit le dernier Octobre cette ville qui ſe trouva dépourvue de toutes les choſes néceſſaires à la vie. Les hôpitaux publics avoient droit de faire frapper certaines pieces de cuivre & de les donner aux pauvres en cas de néceſſité. Charles-Quint avoit aboli cet uſage; mais pendant ce ſiége on introduiſit de nouveau cette monnoie de cuivre, conformément à une réſolution priſe le 12 Novembre 1573 dans le Conſeil de la ville aſſiégée. Par ce décret, l'hôpital de Sainte Catherine fut autoriſé à frapper des pieces de cuivre qui devoient avoir cours pour la quatrieme partie d'un ſol; ce qui prouve manifeſtement que cette monnoie frappée pendant le blocus, par ordre de cet hopital, doit avoir rang parmi les pieces de néceſſité.

Pl. IV, N°. 3. Sur cette piece on voit une roue ſurmontée d'une couronne & entourée de pluſieurs faulx; ce ſont les armes de cet hôpital, qui reconnoît Sainte Catherine pour ſa protectrice. Au revers eſt l'écu de Leyde, avec l'année 1573. La légende eſt en hollandois: *Gedenct den armen* (ſouvenez-vous des pauvres). Hiſt. métallique des Pays-Bas par Van-Loon, Tom. I, p. 179.

Même ſiége en 1574.

PENDANT la durée du ſiége de Leyde les vivres furent entiérement coupés à la ville, & la diſette devint ſi grande qu'on ne ſubſiſtoit que d'alimens inuſités.

Pour ſubvenir aux beſoins & payer la garniſon, les Magiſtrats réſolurent de frapper deux ſortes de monnoies de papier. Conformément à cette réſolution, l'on fit frapper au commencement de cette année, les deux ſortes de pieces de néceſſité qui ſuivent; & pour cet effet, on ſe ſervit des litanies de l'Egliſe romaine, que le changement de la religion publique avoit rendues inutiles. J'ai découvert cette particularité par le moyen de quelques-unes de ces pieces, dont le papier collé enſemble étoit détaché.

Cette piece porte pour Inſcription, au milieu d'une couronne civique : *Lugdunum Batavorum* (Leyde). Le revers repréſente, ſous une couronne, le lion de Hollande, qui d'une griffe tient un ſabre nud, & de l'autre l'écu de Leyde avec cette légende : *Pugno pro Patriâ* (je combats pour la Patrie). Entre les pieds du lion l'on voit encore les armes de Hollande en petit & renverſées. Elle a eu cours pour cinq ſols. Cab. de M. de Boullongne. Van Loon, Tom. I, p. 179. N°. 4.

La ſeconde piece de papier a eu cours pour vingt ſols. La légende porte : *Godt behoede Leyden* (que Dieu conſerve Leyde). Au milieu on trouve les armes de cette ville, entourées des lettres initiales ſuivantes : N. O. V. L. S. G. J. P. A. C. qui ſignifient : *Nummus obſeſſæ urbis Lugduni, ſub gubernatione illuſtriſſimi Principis Auriaci cuſus* (Monnoie frappée dans laville de Leyde aſſiégée, ſous le gouvernement du très-illuſtre Prince d'Orange). Au revers on voit le lion de Hollande ſous une couronne, & entre cette date 15-74. Le lion ſe tient ſur ſes pattes de derriere, & de celles de devant il porte une lance chargée du chapeau de la liberté. On voit encore au-deſſous du chapeau l'écu de Hollande en petit; marque certaine qu'après le ſiége ces pieces ont été échangées par ordre des Etats de cette province contre de la monnoie courante, ſelon la valeur que la néceſſité leur avoit fait N°. 5.

donner. La légende porte: *Hæc libertatis ergò* (c'eſt pour l'amour de la liberté). Van Loon, *ibid.*

Dans cet intervalle Don Louis de Requezens apprit que le Comte Louis de Naſſau ayant raſſemblé des troupes en Allemagne, venoit au ſecours de ſon frere, le Prince d'Orange. Cette nouvelle le mit dans la néceſſité de donner ordre à Baldez de lever le ſiége de Leyde, & d'aller avec ſes troupes à la rencontre du Comte de Naſſau. Cet ordre fut exécuté le 21 Mars, & la ville de Leyde ſe vit délivrée de ce premier ſiége. Le 27 du même mois, on eut ſoin d'échanger les pieces de papier contre de la monnoie courante. L'armée de Baldez défit le 14 Avril celle du Comte de Naſſau ſur la bruyere de Mook. Baldez, après cette victoire ſignalée, revint avec ſes troupes pour former de nouveau le ſiége de Leyde, dont Jean van der Doës étoit Commandant. Il arriva le 26 Mai devant Leyde avec ſept à huit mille hommes. La place étoit très-mal pourvue de vivres & mal gardée, vu que perſonne n'avoit compté ſur le retour des Eſpagnols. Les Magiſtrats, après que le blocus eut déjà duré un mois entier, prirent encore le 10 Juillet la réſolution de faire uſage des mêmes moyens qui avoient été mis en pratique pendant le premier ſiége, & de faire frapper des pieces de néceſſité de 28 & de 14 ſols, comme auſſi de la petite monnoie de cuivre de la valeur d'un demi-ſol. Etant privés de tous moyens de faire entrer des vivres, ils furent obligés de ſe ſervir d'alimens les moins uſités. Malgré cela, leur conſtance ne fut point abattue; le 24 Juillet on prit la réſolution de mettre ſous l'eau tout le plat pays; au commencement d'Août on fit de larges breches tant à la digue de l'Iſſel qu'à celle de la Meuſe, & on ouvrit différentes écluſes, afin de déloger les Eſpagnols. L'Amiral Louis Boiſſot arriva avec ſa flotte pourvue de ſoldats intrépides & de vivres; alors les Eſpagnols ne ſongerent plus qu'à ſe retirer.

On

On voit au milieu d'une couronne civique ces mots hollandois: *Gott behoede Leyden*, 28 *ſtuyvers* (Dieu veuille ſauver Leyde, 28 fols). Sur le revers eſt repréſenté le lion de la Hollande, qui d'une griffe tient un ſabre nud, & de l'autre l'écu de Leyde. *Hæc libertatis ergò* (La liberté en eſt le motif) 1574. Van Loon, Tom. I, p. 186. Pl. IV, N°. 6.

(Cette piece eſt tranſpoſée). Elle eſt de cuivre & a eu cours N°. 7.
pour un demi-ſol. On voit le lion de Hollande ſous une couronne, & au milieu de ces chiffres 7-4 (1574). La légende eſt en hollandois: *Heere ont bermt Holland.* (Seigneur, ayez pitié de la Hollande). Le revers repréſente les armes de Leyde avec cette légende: *Ende ſalicht Leyden* (Et ſauvez Leyde). Van Loon, *ibid.*

Cette piece eſt auſſi tranſpoſée. On voit le même lion placé N°. 8.
ſous une couronne, tenant d'une griffe une épée nue, & de l'autre l'écu de Leyde, avec ces mots: *Pugno pro Patriâ* (Je combats pour la Patrie) 1574. Elle a eu cours pour 14 ſols. Sur le revers on voit ſous une couronne le lion de la Hollande, qui ſoutient ſur une lance le chapeau de la liberté, 1574. *Hæc libertatis ergò.* Van Loon, *ibid.*

On trouve ſur celle-ci l'Inſcription ſuivante au milieu d'une N°. 9.
couronne de chêne: *Nummus obſeſsæ urbis Lugdunenſis, ſub gubernatione illuſtriſſimi Principis Auraici cuſus.* Elle valoit 28 ſols. Le revers offre aux yeux un lion qui d'une griffe tient les armes de Leyde, & de l'autre un ſabre nud. *Pugno pro Patriâ*, 1574. Van Loon, *ibid.*

Aſſiégée par les François en 1673.

Les François, qui étoient entrés en Hollande, attendoient que la gelée leur facilitât l'entrée dans cette partie, où l'inondation les avoit jusqu'alors empêchés de pénétrer. Lorsqu'ils virent que la glace étoit assez forte pour faire le trajet sans risques, ils formerent auprès de Woerden une armée pour aller droit à Leyde; mais le dégel étant survenu, & la pluie continuant, ils furent obligés de retourner à Woerden; cette retraite n'empêcha pas les Magistrats de Leyde de sentir le danger auquel la ville seroit exposée, si les eaux venoient encore à se glacer. Pour empêcher les ennemis de venir camper jusques sous les murailles de la ville, à la faveur des jardins & des arbres qui l'environnoient, ils firent détruire tous ces jardins jusqu'à la distance de quatre cens pieds au-delà du fossé, & on en confia le soin à l'avocat Gerard de Munt. Les Magistrats furent si satisfaits de sa conduite, qu'ils lui firent présent de cette médaille frappée à l'occasion de l'approche des François.

Comme la légende qui est sur les jetons des Conseillers de la ville, exhorte les Magistrats à imiter la valeur que leurs ancêtres ont témoignée pendant ce siége, & que de Munt, en qualité de membre de la magistrature, avoit glorieusement suivi cet exemple, on a mis pour légende : *Avitæ virtutis memor*, (Il marche sur les
Pl. XVII, traces de ses vaillans ancêtres). Dans le champ on voit la ville de
N°. 5. Leyde dépouillée de ses jardins; en haut un ange qui tient les armes de la ville, & au bas l'année 1673. Le revers porte la face de celle qui fut faite cent ans auparavant, pendant le siége de cette ville. On voit les armes de la ville entourées de cette légende : *N*ummus obsessæ *u*rbis *L*ugduni, *s*ub *g*ubernatione *i*llustrissimi *P*rincipis *A*uriaci *c*usus (Monnoie de la ville de Leyde assiégée, sous le gouvernement du très-illustre Prince d'Orange), & sur le tour extérieur *Godt behoede Leyden* (Dieu conserve Leyde).

LILLE,

Assiégée par les Alliés en 1708.

INSULÆ, capitale de la Flandre Françoise, avec une citadelle construite par le Maréchal de Vauban.

Le Prince Eugene assiégea Lille en 1708, & ouvrit la tranchée la nuit du 22 au 23 Août. M. de Boufflers défendoit lui-même cette capitale de son gouvernement, mais il fut obligé, malgré la plus vigoureuse résistance, de rendre la ville le 23 Octobre, & la citadelle le 8 Décembre. Cette belle défense lui valut la dignité de Pair de France. Pendant ce siége il employa le canon qui étoit hors d'état de servir, à fabriquer des pieces obsidionales.

Les trois suivantes ont d'un côté les armes de M. de Boufflers sur deux bâtons de Maréchal de France, dignité que le Roi lui avoit conférée au mois de Mars 1693.

Cette piece a, outre les bâtons de Maréchal de France, le manteau ducal; & les cordons des trois ordres de S. Louis, du S. Esprit & de S. Michel, avec les armes de Boufflers. ℟. *XX sols. Pro defensione urbis & Patriæ* (Pour la défense de la ville & de la Patrie). 1708. Pl. XVIII. N°. 7.

Celle-ci a d'un côté les armes de M. de Boufflers sur deux bâtons de Maréchal de France surmontés d'une couronne. ℟. *X sols*, avec la même inscription, 1708. N°. 8.

Cette piece est semblable à la précédente, excepté qu'elle n'est que de *V sols*. N°. 9.

Toutes les trois sont de cuivre. En nature.

LIVONIE,

Voyez GOTHARD DE KETTLER.

MAGDEBOURG,

Assiégée par les Alliés de l'Empereur pendant la guerre de Smalcalde en 1551.

MAGDEBURGUM, capitale du cercle de la basse Saxe, autrefois impériale, aujourd'hui sujette au Roi de Prusse. La ville de Magdebourg s'étoit attiré la colere de Charles-Quint, parce qu'elle étoit entrée dans l'alliance de Smalcalde, qu'elle vouloit forcer le chapitre à changer de religion, & qu'elle avoit rejeté le livre intitulé *Interim*. L'Empereur la mit au ban de l'Empire, & elle fut assiégée par Henri Duc de Brunsvic, George de Mecklenbourg, Maurice de Saxe, l'Electeur de Brandebourg & son oncle Albert. Les habitans se défendirent avec bravoure, & firent la nuit du 19 Novembre une sortie, dans laquelle ils battirent la cavalerie ennemie & emmenerent prisonnier George Duc de Meklenbourg. Etant pressés par la faim & réduits à la derniere extrémité, ils se rendirent à Maurice de Saxe, à des conditions très-dures en apparence, mais par des articles secrets, on leur accorda le libre exercice de leur religion. *Sleidan.*

Pendant ce siége, les bourgeois porterent à la Maison-de-Ville toute leur argenterie, pour en faire des pieces de nécessité. Quelques-unes étoient d'argent, d'autres de cuivre. *Voyez*, p. 80. Il y en avoit de carrées & de rondes, valant 1 florin, 1 ort & 12 fenins. Après le siége, on échangea ces pieces. *Voyez* Henr. Merckel, Sebast. Besselmayer, Pomarius, Hartleder, Chytræus & Schardius.

Pl. I, N°. 11. Cette piece porte les armes de Magdebourg. En haut M. (Magdebourg). 1551. Elle est sans revers. *Voy.* Luckius p. 141. Mieris, Tom. III, p. 265.

Autre

Autre piece du même coin, mais d'une figure ronde. Luckius N°. 12.
& Mieris, *ibid.*

Autre avec le même type, & plus grande que le n°. 11. Luckius N°. 13.
& Mieris, *ibid.*.

Les armes de Magdebourg. Revers, 15 & au bas 51. Au milieu: N°. 14.
Belagerung Magdeburg (Siége de Magdebourg. Mieris, *ibid.* Koehler, Tom. XVII, p. 249.

Le Chapitre fut obligé de sacrifier son argenterie, ainsi qu'avoient fait les bourgeois.

Sur les deux côtés de cette piece se trouve Saint Maurice, N°. 15.
patron de l'église ou chapitre de Magdebourg. Dans le champ, S. M. (Sanctus Mauricius). Les deux côtés sont de coins différens. Cette piece est d'or & pese deux ducats. Koehler, Tom. XVII, p. 241.

*Magde*burg. Les armes de cette ville; au bas 1551. *V*. Mieris, Pl. XXII N°. 4.
Tom. III, p. 265. Klotz, p. 80.

Assiégée par les Impériaux en 1629.

La ville de Magdebourg s'étant déclarée pour le Roi de Suede, fut investie par les Généraux Tilly & Pappenheim. La piece suivante, qui contient peu d'argent & beaucoup de cuivre, fut frappée en 1629, dans cette ville inutilement bloquée pendant vingt-huit semaines par les Impériaux, qui demanderent beaucoup & n'obtinrent rien; mais l'année suivante 1630, elle fut prise d'assaut, pillée, détruite & brûlée.

*Mo*neta *no*va *Magdeburgensis* (nouvelle monnoie de Magdebourg). Les armes de la ville. Revers, *XII, Groschen Magdeburger statgelt* (12 gros de la ville de Magdebourg). 1629. légende: *Necessitas legem non habet* (La nécessité n'a point de loi). *Voyez* Klotz, p. 109; & les Remarques historiques de Hambourg, Tom. VIII, p. 345.

MASTRICHT,

Assiégée par les Espagnols en 1579.

TRAJECTUM AD MOSAM, TRAJECTUM SUPERIUS ou OBTRICUM, ville des Pays-Bas sur la Meuse, cédée par les Espagnols aux Provinces-Unies par le traité de Munster.

Les États-Généraux étant affoiblis par les divisions intestines; le nouveau Gouverneur, Alexandre Farnèse, investit à l'improviste la ville de Mastricht le 12 Mars. Cette ville étoit bien fortifiée, la garnison consistoit en mille fantassins & douze compagnies de bourgeois. Pour bien payer la garnison, l'on fit frapper pendant le siége, les pieces de cuivre qui suivent. Malgré la défense vigoureuse des assiégés, les Espagnols prirent la ville d'assaut; tout fut mis au pillage ou livré aux flammes, & elle resta long-tems comme déserte.

Pl. VIII, N°. 4. Cette piece porte les armes de Mastricht ornées d'un heaume, & au bas l'année 1579. Légende : *Protege Domine populum tuum propter nominis tui gloriam* (Seigneur, protégez votre peuple pour la gloire de votre nom). Au revers une main tenant une épée avec cette Inscription : *Trajecto ab Hispanis obsesso pro justæ causæ defensione* (Pendant que Mastricht étoit assiégée pour la défense de la bonne cause). Au bas XXXX (sols) valeur de la piece. Elle est de cuivre. Van Loon, Tom. I, p. 263.

M. de Boullongne a une piece du même coin, de la valeur de XVI sols.

N°. 5. Autre piece de cuivre de la valeur de huit sols. Cabinet de M. Aumont.

Autre de cuivre de la valeur de XXIIII sols. Pl. VIII, N°. 6.

Il en existe une autre de pareil coin & de la valeur de XII sols. *Ibid.*

Cette piece de cuivre étoit de la valeur d'un demi-sol. Elle se trouve dans Van Loon, Tom. I, p. 264. N°. 7.

Autre aussi de cuivre de la valeur de deux sols, *ibid.* Cabinet de M. de Boullongne. N°. 8.

Il se trouve aussi une piece de pareil coin, qui fait la moitié, ce qui se voit par le chiffre I (sol). *Ibid.*

MAURICE DE SAXE,

Contre Jean Frédéric, Electeur. Guerre de Smalcalde. Siége de Leipsic, 1547.

Jean Frédéric, Electeur de Saxe, chef de la ligue de Smalcalde, ayant été mis au ban de l'Empire, fit la guerre, conjointement avec le Landgrave de Hesse, contre Charles-Quint, & attaqua le pays de Maurice, Duc de Saxe. Il mit le siége devant Leipsic le 5 Janvier; mais comme l'armée impériale s'approcha pour la secourir, & que ce Duc y avoit auparavant mis une forte garnison, la ville se défendit si bien, que l'Electeur fut obligé de lever le siége le 7 du même mois.

Pendant ce siége, on frappa les pieces suivantes au nom de Maurice.

*M*auritz, *H*ertzog *I*n *S*achsen (Maurice, Duc de Saxe). Les armes de Saxe. Il y a dans Mieris deux autres pieces du même coin, mais de figure différente. Cette piece est d'argent. Pl. XXI, N°. 6.

Moritz, Hertzog zu Sachsen (Maurice, Duc de Saxe). Les armes de Saxe. Revers: *Hertzog Hans Friderich belegert Leipzig* N°. 7.

menſe Januarii Anno M. D. XLVII (Le Duc Jean Frédéric aſſiége Leipſic au mois de Janvier 1547). Au bas les armes de Leipſic. Mieris en a deux autres preſque ſemblables, & avec fort peu de différence. Elle eſt d'or.

Pl. XXI, N°. 8. Cette grande piece porte les coins de toutes les petites qui ſont arrangées ſymmétriquement. Elle eſt d'argent.

N°. 9. Le coin eſt le même que ſur le N°. 6, excepté que celle-ci eſt carrée, que les coins ſont garnis de quatre fleurs-de-lys, & qu'il y a ici l'année 1547. Elle eſt auſſi d'argent.

Voyez Luckius, pag. 115; Mieris, Tom. III, p. 165.

MAYENCE,

Aſſiégée par les Impériaux en 1689.

MAGOTIA, MOGUNTIA, MAGUNTIACUM & MOGUNTIACUM, en allemand MENTZ, capitale de l'archevêché & de l'électorat de de ce nom, ſituée ſur la rive gauche du Mein. Cette ville étoit autrefois impériale; elle a joui de grands priviléges juſqu'en 1462.

Louis XIV voulant prendre ſes précautions contre la ligue d'Augsbourg, envoya des troupes au-delà du Rhin, qui s'emparerent le 25 Octobre 1688, de la ville de Mayence. En 1689, le prince Charles de Lorraine, qui commandoit l'armée impériale, mit le ſiége devant cette ville. Le Marquis d'Uxelles, depuis Maréchal de France, en étoit Gouverneur; il ſe défendit vigoureuſement, mais le 8 Septembre il fut obligé de ſe rendre, faute de poudre, après ſept ſemaines d'une réſiſtance héroïque. *Voyez* le P. la Londe, & l'Hiſtoire militaire de Louis XIV, par le Marquis de Quincy.

Léonard

C'eſt pendant ce ſiége, que pour ſubvenir aux beſoins les plus preſſans, on fut obligé de faire frapper les deux pieces ſuivantes.

La premiere porte : *Moneta nova argentea* (Nouvelle monnoie d'argent). Un chiffre compoſé de quatre L, entrelacées dans un écuſſon couronné. ℞. *Gloria in excelſis Deo* (Gloire à Dieu dans les cieux, 1689. Dans le champ ¼ (de rixdale ou florin). Pl. XXV, N°. 1.

Sur la ſeconde on voit la même année & le même chiffre. ℞. *Gloria in excelſis Deo*, & dans le champ ⅛ (de rixdale ou florin). N°. 2.

MIDDELBOURG,

Aſſiégée par les Zélandois en 1572.

MIDDELBURGUM, ville des Pays-Bas, capitale de la Zélande. Les Zélandois, quoique défaits par Mandragon, entreprirent de mettre le ſiége devant la ville de Middelbourg, qui juſques-là étoit reſtée attachée au parti du Duc d'Albe. Ce Général, pour ſecourir la ville, envoya des troupes ſous la conduite de Don Sanche d'Avila ; mais après une ſortie vigoureuſe, les aſſiégeans furent diſperſés, & le ſiége fut levé. La miſere devint affreuſe dans la ville pendant ce ſiége, & pour faciliter la ſubſiſtance de la garniſon, les Magiſtrats firent frapper des pieces de monnoies extraordinaires, qu'on appeloit monnoies de néceſſité.

Cette piece eut cours pour cinquante ſols. Au-deſſus, & du côté droit, on voit les armes de Zélande, & du côté gauche celles de la ville même. Au milieu on trouve dans un cercle les lettres ſuivantes : *D. R. P. F. Midd.* qui ſignifient : *Deo Regique populus fidelis Middelburgenſis* (Le peuple de Middelbourg fidele à Dieu & au Roi) ; ou *Deo, Regi Patriæque fideles Middelburgenſes* (Les Middelbourgeois fideles à Dieu, au Roi Pl. III, N°. 1.

& à la Patrie), 1572. Il y en a auſſi une demie de vingt-cinq ſols. Van Loon, Tom. I, p. 156.

Pl. III, N°. 2. Cette piece qui eſt de la même valeur & grandeur, n'a point en haut les armes de Zélande. Il y en a auſſi une demie du même coin. *Ibid.*

Aſſiégée par le Prince d'Orange en 1573.

MIDDELBOURG étant reſtée attachée & fidele au Roi d'Eſpagne, le Prince d'Orange entreprit d'en faire le ſiége. Pour cet effet, ayant battu l'armée navale Eſpagnole, il tenoit toutes les avenues fermées, & coupoit entierement les vivres néceſſaires à la ville, de ſorte que les aſſiégés furent obligés de manger juſqu'à la chair des chiens, des chats & des rats. Dans cette affreuſe miſere les Magiſtrats firent frapper, comme l'année précédente, des pieces de néceſſité pour payer la garniſon ; la ville ne ſe rendit qu'au commencement de l'année ſuivante, le 19 Février 1574. Trelon en étoit Gouverneur.

N°. 12. Cette piece étoit d'argent & de la valeur de quinze ſols. L'inſcription eſt renfermée dans une couronne civique : *D*eo, *R*egi *P*atriæque *F*ideles *M*iddelburgenſes, 1573. Hiſt. métallique des Pays-Bas, Tom. I, p. 169 ; Luckius, p. 249.

N°. 13. Celle-ci eſt de papier, & a du côté droit & du côté gauche les armes de Middelbourg, vers le haut celles de Zélande, & au milieu : *Deo, Regi, Patriæ fid*eles *Middel*burgenſes, 1573. Hiſt. métall. *Ibid.*

N°. 14. C'eſt un ducat d'or qui porte dans les deux coins du milieu les armes de Zélande & de Middelbourg, avec la même Inſcription. Sur le revers on lit ces cinq vers hollandois :

Doen ic was gheſlegen,
Was Middelbourg beleghen ;

Zo dat het volc at van hongers weghen,
Peerden, honden, huyen, door noot,
Catten, ratten, ende lisaen waefelen voor broot.

Lorsque je fus frappée,
Middelbourg étoit assiégée,
Et le peuple réduit à manger les chevaux,
Les chats, les rats, le cuir,
Et des gâteaux de graines de lin au lieu de pain.
Hist. Métall. *Ibid.*

La valeur de cette piece d'argent étoit de trente sols, & faisoit le double du n°. 12 précédent. Hist. métall. *Ibid.* Luckius p. 249. Pl. IV, N°. 1.

Cette piece est de plomb; on n'y trouve que ces deux lettres MD, qui signifient Middelbourg. Hist. Metall. *Ibid.* N°. 2.

MINDEN,

Assiégée par le Duc Georges de Brunsvic-Lunebourg, 1634.

Minda, ville du cercle de Westphalie, capitale de la province de même nom, sur le Weser. Elle appartient à l'Electeur de Brandebourg, qui en a sécularisé l'évêque.

Pendant la guerre de trente ans dans la basse Saxe & la Westphalie, les Danois occuperent jusqu'en 1625 Hameln & Minden; mais le Roi Christian IV ayant fait à Hameln une chûte avec son cheval, fit retirer ses troupes de ces deux places, & les mit dans le duché de Verden. Tilly, Général pour l'Empereur, ne manqua pas de s'en emparer aussi-tôt. En 1634, le Duc Georges de Brunsvic-Lunebourg, Ligne de Zell & le Colonel Frana mirent le 24 Juillet le siége devant Minden. Le Colonel Waldecker étoit Commandant de la ville ; mais les vivres lui manquant, & n'espérant aucun secours, il fut obligé de capituler le 20 Novembre.

Durant ce siége, on fut obligé de convertir la vaisselle d'argent en monnoie, pour payer la garnison.

Pl. XII, N°. 7. Cette piece est d'argent fin & pese 65 grains. On y lit : *Minda obsessa, 1634*. ℟. *8 groschen* (8 gros). En haut on voit un timbre de deux clefs, qui sont les armes de l'Evêché de Minden. Koehler, Tom. VIII, p. 385.

MUNSTER,

Assiégée par son Evêque en 1660.

MONASTERIUM, anciennement MINIMIGRADUM, ville épiscopale au cercle de Westphalie. Les dissentions qui régnoient entre la ville & son Evêque, éclaterent par des hostilités en 1660. Les Magistrats soutenoient qu'ils devoient être maîtres de leur propre garnison & des clefs de la ville. L'évêque Bernard de Galen leur intenta un procès à la Cour de Vienne, & obtint une sentence en sa faveur. Les Magistrats eurent recours aux Etats des Provinces-unies qui leur prêterent dix mille écus, avec promesse d'accommoder ce différend, mais à certaines conditions, qu'ils ne voulurent pas accepter. L'Evêque mit le blocus devant la ville, qui ne négligeoit rien pour se bien défendre ; pendant le blocus elle fit frapper ces pieces, pour être en état de payer la garnison. Destituée de tout espoir de secours du côté des Provinces-unies, & vivement pressée, elle se soumit à l'Evêque par un traité solemnel qui fut conclu le 26 Mars 1661.

Pl. XVI, N°. 10. Piece carrée d'argent, portant *Monas*terium *Westph*aliæ *obsessum, 1660*. Dans le champ les armes de la ville de Munster.

Sans

Sans revers. Elle eût cours pour cinquante sols. Van Loon T. II, p. 467.

Stadt Munster (ville de Munster). *Anno 1602*. Dans le champ les armes de la ville, sur lesquelles on a frappé un petit coin avec l'année 1660, pour lui donner un nouveau cours ou valeur. R. VI fenins ou trois liards). Elle est de cuivre rouge; autrefois cinquante-six de ces pieces eurent cours pour une rixdale. *Ibid.* Pl. XVI, N°. 11.

Monasterium Westphaliæ obsessum. Dans le champ l'année 1660, avec les armes de la ville. Cette piece est d'argent, & eut cours pour vingt-cinq sols. *Ibid.* N°. 12.

NEWARK,

Assiégée par les Parlementaires en 1645 & 1646.

NEWARKUM, ville & château dans le comté de Nottingham en Angleterre. Une partie de l'armée d'Ecosse, à l'instigation du Parlement d'Angleterre, y mit le siége au mois d'Octobre 1645. Charles I se rendit *incognito*, le 4 Mai 1646, à l'armée d'Ecosse; le même jour le Lord Bellasis, Commandant de la place, & qui l'avoit défendue pendant six mois, demanda à capituler. Le château fut rendu le 6, du consentement même du Roi. Ce commandant, pour satisfaire la garnison, avoit fait convertir en monnoie sa vaisselle d'argent. Le Roi fut gardé étroitement par les Ecossois, & l'on ne peut apprendre sans indignation la maniere odieuse dont ils le livrerent aux Anglois.

Piece en losange, portant une couronne entre les deux lettres CR, qui signifient *Carolus Rex*. Au bas est la valeur *XII* sols ou un schelin. Revers : *Obsessum Newarkum*, 1645. Recueil des monnoies angloises par la Société des Antiquaires à Londres. Pl. XV, N°. 7.

Pl. XV, N°. 8. Une couronne entre les deux lettres CR (*Carolus Rex*), & au-dessous XXX sols ou deux schelins & demi, qui font une demi-couronne. ℞. *Obsessum Newarkum*, 1646. Argent : elle pese 4 gros. *Ibid.* Cab. de M. de Boullongne.

N°. 9. Une couronne entre CR (*Carolus Rex*), & au bas IX sols. Le même revers, excepté qu'il y a un timbre aux armes d'Angleterre. Elle est aussi d'argent & pese 70 grains. Recueil de la Société des Antiquaires à Londres.

Na. Il y en a une autre de pareil coin, à la différence que le timbre n'y est pas. *Ibid.*

N°. 10. Couronne entre les deux lettres CR, & au bas VI sols. Même revers qu'au n°. 8.

NICE,

Assiégée par les Turcs & les François, 1543.

Nicea, ville forte aux confins de France & d'Italie, capitale du comté de même nom. Elle se nomme aussi *Nicæa*, *Nicia*, *Nica* & *Bellanda*. En vertu d'un traité d'alliance fait en 1542 entre François I, Roi de France, & Soliman II, Empereur des Turcs, contre Charles-Quint & ses alliés, le Comte d'Enguien assiégea Nice de concert avec le fameux Chiarouddin, surnommé Barberousse, Amiral de Soliman ; il prit la ville, mais il fut obligé de lever le siége du château ; c'étoit la seule place qui restoit en Piémont au Duc de Savoye.

Pl. XXI, N°. 3. Cette piece est d'or. En nature. Elle porte : *Karolus secundus, Dux Sabaudiæ*. Les armes de Savoye. ℞. *Nicæa à Turcis & Gallis obsessa*, 1543. (Nice assiégée par les Turcs & les François).

NUYS,

Assiégée par le Duc de Parme en 1586.

Novesium & Nussia, ville forte dans l'Electorat de Cologne, à une demi-lieue du Rhin. Au n°. 8, pl. IX, année 1583, il a déjà été fait mention de l'affaire malheureuse de Gebhard, Electeur de Cologne, qui se maria & changea de religion, en quittant l'Eglise romaine. *Voyez* Bonn. Les amis Protestans de Gebhard s'emparerent par stratagême de la ville de Neuss ou Nuys en 1585 ; de sorte que le nouvel Electeur, Ernest de Baviere, ne se trouvoit pas encore bien affermi. Frédéric Herman Cloeth, Commandant de cette ville pour Gebhard, la défendoit avec deux mille hommes de garnison. Les troupes firent des courses aux environs, où elles mirent tout à contribution. L'Electeur Ernest sollicita auprès du Duc de Parme du secours pour reprendre la ville de Nuys. En effet ce prince envoya des troupes suffisantes pour en faire le siége, & elles la prirent d'assaut. Le carnage fut si grand, qu'il y périt plus de deux mille hommes. Pendant le siége, le Commandant fut obligé de frapper des pieces de nécessité d'étain. Koehler, Tom. VII, p. 65 ; Budelius, p. 7.

En haut on voit les chiffres 20, qui dénotent la valeur de 20 creutzers. Dans l'écu au milieu on trouve l'année (15)86, & ensuite les armes du Palatinat, la croix de Cologne & les armes de Bade. Au bas on voit les lettres FHC (Frédéric Herman Cloeth). Pl. X, N° 1.

Budelius, à l'endroit cité, donne la moitié de cette piece, avec les chiffres 10 (creutzers).

ORAN,

Assiégée par les Maures en 1733.

Icosium, très-forte ville d'Afrique dans la Barbarie, au royaume de Trémecen, avec plusieurs forts & un excellent port. Le fameux Cardinal Ximenès ayant pour général Pierre Navarro, entreprit à ses frais, en 1508, le siége d'Oran, dont il se rendit maître. Les Espagnols resterent en possession de cette ville jusqu'en 1708, que les Maures, profitant des troubles qui déchiroient l'Espagne, vinrent l'attaquer en si grand nombre, qu'ils s'en rendirent maîtres, & s'y maintinrent jusqu'en 1732.

Le Comte de Montemar descendit en Afrique le 22 Juin, aux environs d'Oran, & fit à la fois le siége de Ceuta & d'Oran, dont il s'empara. Les Maures attaquerent Oran, dont le Marquis de Santa-Crux étoit Commandant, & quoique souvent battus, ils revenoient toujours à la charge; mais le Marquis de Miromesnil, Colonel François au service d'Espagne, ayant fait une sortie vigoureuse le 10 Juin 1733, remporta sur eux une victoire signalée qui leur fit perdre l'envie de revenir.

Pl. XXVII, N°. 7. Cette piece de cuivre a été frappée pendant le siége mis par les Maures, & lorsque l'argent ordinaire vint à manquer.

Elle porte ORAN. ℞. Les armes de Castille, Leon & Grenade. Dans le champ se trouve la valeur. En nature.

OSNABRUG OU OSNABRUCK,

Assiégée par les Suédois en 1633.

Osnaburgum, ville d'Allemagne au Cercle de Westphalie. L'armée Suédoise, sous le commandement du Duc Georges de Lunebourg

Lunebourg & du Feld-Maréchal-Général Kniphaufen, ayant remporté, le 28 Juin 1633, une victoire complette fur les Impériaux, près d'Oldendorp fur le Wefer, ce dernier, joint à Guftave Guftavfon, mit le fiége devant Ofnabrug avec une partie de l'armée fuédoife. La ville fe rendit le 2 Septembre, à des conditions honorables. François Guillaume, Comte de Wartemberg, Evêque d'Ofnabrug, fe retira de la ville au commencement du fiége, en donnant ordre de convertir fa vaiffelle d'argent en monnoie pour payer la garnifon.

Cette piece eft d'argent : on y voit Saint Pierre avec une triple couronne, tenant de la droite une clef & de la gauche un livre : au-deffous de lui les armes d'Ofnabrug, de Baviere & du Palatinat. Dans le champ 1633. Elle pefe près d'une once. Koehler, Tom. X, p. 313. Pl. XII, N°. 4.

OUDENARDE,

Affiégée par les Efpagnols en 1582. Révolution des Pays-Bas.

ALDENARIA, ALDENARDA & ALDENARDUM, ville des Pays-Bas dans la Flandre Autrichienne. Le Prince de Parme fe mit en campagne au commencement d'Avril, & feignant d'en vouloir à Menin, il fe jeta à l'improvifte fur Oudenarde. Frédéric van der Borcht, Gouverneur de cette ville, n'avoit qu'une garnifon de quatre cens foldats, avec lefquels il fit tous les efforts imaginables pour foutenir les attaques des affiégeans ; mais le Prince de Parme ayant reçu des renforts, battit la ville de vingt-cinq pieces de canons, de forte que la garnifon n'efpérant aucun fecours, fe rendit le 5 Juillet à des conditions avantageufes, & fortit avec les honneurs de la guerre. Pendant ce fiége, qui avoit duré trois mois, on avoit frappé les deux pieces de néceſſité ſuivantes, pour faciliter le paiement de la garniſon.

Pl. IX, N°. 6. La premiere préſente vers le haut les armes du Gouverneur : au milieu ſont les armes de Flandre avec cette légende : *ſpes noſtra Deus.* (Dieu eſt notre eſpérance). 1582. Elle avoit cours pour vingt ſols. Van Loon, Tom. I, p. 313.

N°. 7. Sur celle-ci, qui avoit cours pour dix ſols, on voit vers le haut les armes de la ville aſſiégée, & au milieu celles de Flandre. *Ibid.*

OUDEWATER,

Aſſiégée par les Eſpagnols en 1575.

VILLE des Pays-Bas dans la province de Hollande, entre Gouda & Montfort ſur l'Yſſel, aux confins de la ſeigneurie d'Utrecht.

Pendant que les Etats mettoient entre les mains du Prince d'Orange l'adminiſtration ſuprême, le ſeigneur d'Hiergues, Eſpagnol, mit le ſiége devant Oudewater. Les habitans ſe défendirent avec courage ; mais les Eſpagnols ayant commencé le 6 Août à battre en breche, ils donnerent l'aſſaut le 8 du même mois, ſe rendirent maîtres de la ville, firent un carnage horrible des habitans, mirent tout au pillage, & la ville fut preſqu'entièrement conſumée par les flammes. Pendant ce ſiége, les habitans firent frapper cette piece de néceſſité.

Pl. V, N°. 1. On voit au côté droit des armes de la ville, l'année du ſiége 1575, & au côté gauche, la valeur qui étoit de vingt ſols, & en différens endroits ces trois mots hollandois : *godt met ons* (Dieu avec nous).

Il y a eu auſſi une autre piece de pareil coin, & qui valoit quarante ſols, mais elle étoit un peu plus grande. *Voy.* l'Hiſtoire métallique de Van-Loon, Tom. I, p. 204.

PAOLI,

Chef des Rébelles en Corse, 1762.

DEPUIS la cessation des troubles de Corse en 1740, les insulaires se révoltèrent souvent ; mais en 1754 ils mirent Pascal Paoli à leur tête, & malgré l'arrivée des François, il fut établi chef en 1762, fit sa place d'armes à Corté, & s'empara de l'isle de Ciraglia & du poste de Brando. Paoli continuant son séjour à Corté, les rébelles lui donnerent douze assesseurs qui non seulement partagerent l'autorité avec lui, mais même eurent le droit d'inspection sur sa conduite. Dans une de leurs dernières assemblées, ils l'autoriserent à battre monnoie, à envoyer des députations, &c.

Une de ces pieces, qui sont de cuivre blanchi, porte les armes de Corse, & au revers, 4 soldi, 1762. En nature. Pl. XXVII, N°. 10.

L'autre est du même coin & du même métal ; elle valoit deux sols. *Idem.* N°. 11.

Le 15 Mai 1768, les Genois remirent la Corse au roi de France en nantissement des dépenses que la France avoit faites & devoit faire pour la réduction de cette isle.

Le 9 Avril 1769, le Comte de Vaux arriva en Corse & fit des progrès. Le 13 Mai Paoli s'embarqua avec ses compagnons à Porto Vecchio sur un bâtiment portant pavillon anglois.

PAVIE,

Assiégée par les François, 1524.

TICINUM, PAPIA, & PAPIA FLAVIA, ville d'Italie dans la Lombardie & au duché de Milan sur la rivière du Tesin. François I, ayant mis sur pied une armée de quarante mille hommes, prit

Milan & vint mettre le siége devant Pavie. Cette ville étoit défendue par une garnison nombreuse d'Espagnols & d'Allemands, & le Gouverneur, Antoine de Leva, passoit pour l'un des plus habiles Capitaines de Charles-Quint. Après quelques mois de siége, Pavie fut réduite aux abois, & la garnison se mutina, faute de paiement; elle demanda de quoi se vêtir & se nourrir. Le Commandant prit du drap à crédit & emprunta de l'argent; mais ces ressources n'étant pas suffisantes, il convertit sa vaisselle d'argent en monnoie courante, pour payer les troupes; il emprunta encore aux Chanoines & au Recteur de l'école leurs masses & ornemens d'argent pour en faire de la monnoie. La garnison Allemande ayant, pour la troisieme fois, demandé de l'argent, le Commandant fut obligé de convertir ses bijoux d'or en monnoie pour les satisfaire.

Pl. I, N°. 1. La premiere de ces pieces, qui est d'argent, porte : *1524*; *Cesareis Papiæ obsessis*. (Les Impériaux assiégés dans Pavie).

N°. 2. La seconde est une plaque d'or mince, & porte : + A. L. *Antonius Leva*, 1524.

De Lannoy, Vice-Roi de Naples, le Marquis de Pescaire & le Connétable de Bourbon vinrent avec une armée au secours de la ville, & le 24 Février 1525, ils firent leurs dispositions pour attaquer les retranchemens des François. La bataille commença, les Impériaux s'enfuirent, & François I. poursuivant les fuyards dans un chemin creux, se trouva, par ce mouvement, entre les ennemis & sa propre artillerie. Le Vice-Roi, dans ce moment, attaqua les François & les défit. Le Roi, accablé de toutes parts, fut fait prisonnier & conduit à Madrid, où Charles-Quint le fit languir durant treize mois dans une prison d'où il ne sortit qu'à des conditions très-dures. *Voy.* Luckius, p. 54; Koehler, T. XI, p. 321; Mieris, T. II, p. 200.

PHILIPPE

PHILIPPE,

LANDGRAVE DE HESSE.

Guerre de Smalcalde, 1546 & 1547.

L'EMPEREUR s'étant emparé de Dillingen, Hochstett, Laugingue & Gundelfingue, voulut se rendre maître d'Ulm, mais les Alliés se tinrent sur leur garde, & l'en empêcherent ; néanmoins son armée suivit de près celle de l'Electeur de Saxe & du Landgrave de Hesse : la saison étant avancée, le Landgrave laissa aux Alliés ses troupes & s'en retourna dans son pays. L'Electeur de Saxe leva sur les Catholiques plusieurs sommes d'argent pour faire subsister pendant l'hiver l'armée des Alliés.

Cette piece de nécessité porte P. L. (Philippe Landgrave), & au-dessous un lion couronné, armes de Hesse. Pl. XXI, N°. 5.

Revers : 28 dénote la valeur de la piece, & on voit au-dessous les armes du Comté de Ziegenzain. *Voyez* Mieris, Tom. III, p. 152 ; Klotz, p. 52.

PONTEFRACT,

Assiégé par les troupes de Cromwel, 1648.

PONTEFRACT ou POMFRET, *Pons-fractus*, ville d'Angleterre dans le comté d'York, avec un bon château & de bonnes fortifications. Charles I. étant depuis le 13 Novembre 1647, prisonnier au château de Carisbrook, dans l'île de Wight, les Ecossois se repentirent de l'avoir livré aux Anglois. En conséquence ils mirent sur pied une armée, sous le commandement du Duc Hamilton, afin de délivrer le Roi ; le Général Langdalle s'empara de Carlile le 28 Avril, & ceux du parti du Roi prirent le château de Pontefract au mois de Juin 1648 ; mais l'armée de Langdalle ayant été battue & Hamilton fait prisonnier, Cromwel fit tous ses efforts pour se rendre maître de ce château, le seul qui tînt encore pour le Roi ; néanmoins, par la valeur du brave Commandant Moris, il ne fut rendu que le 16 Avril 1649. (*Voyez* Evelyn, p. 124 & 125 ; Museum Pembrock. *In indic.* Tom. II; & Koehler, Tom. I, p. 337.

Pl. XVI, N°. 3. C. R. (Carolus Rex), surmonté d'une couronne : *Dum spiro spero.* (J'espere tant que je respire). ℟. *Obsessus. P. XII. C. 1648.* Cette piece est d'argent & en forme de lozange. Le chiffre XII signifie la valeur qui étoit de XII sols ou d'un schelin. *Nota* P. C. Il faut croire que par inadvertance on a mis P. C. au lieu de P. O, comme on le trouve dans Koehler, Tom. I, p. 337, & dans Clotz, p. 116 ; de sorte que ces deux lettres doivent dénoter *Pons-fractus obsessus.* Recueil des monnoies angloises par la Société des Antiquaires à Londres, Pl. 29, p. 89.

N°. 4. Même tête, excepté que la couronne est différente. ℟. *Obsessus* P. C. Elle est d'argent, en forme octogone & pese 74 grains. *Ibid.*

N°. 5. Même tête qu'au N°. 3. ℟. *Carolus secundus, 1648.* Dans le champ : *Obsessus*, en haut P. C. au milieu un château à trois tours, avec un étendard à celle du milieu, & à côté la bouche d'un canon. Elle est d'argent, de forme octogone, & pese un gros 7 grains, *ibid.* du cabinet de M. de Boullongne.

N°. 6. Une couronne : légende : *Carolus II, Dei gratiâ, magnæ Britanniæ, Franciæ & Hiberniæ Rex.* Inscription dans le champ : *Hanc* (coronam) *Deus dedit, 1648.* ℟. *Post mortem Patris pro filio* (c'est-à-dire que Charles I. étant mort, cette ville tenoit toujours bon pour son fils Charles II). Dans le champ, comme au N°. précédent. La piece est d'argent, octogone, & pese 71 grains, *ibid.* Société des Antiquaires à Londres.

L'Editeur pense que sans réformer aucune des monnoies rapportées sous les numéros 3, 4, 5 & 6, les deux lettres initiales P. C. qui se trouvent dans le champ de tous les revers, peuvent & doivent s'expliquer par *Pontefracti civitas*, auquel se joint naturellement le mot OBSessa.

LE QUESNOY,

Assiégé par les François en 1712.

Carnestum, petite ville forte dans le Hainaut, au territoire de Valenciennes, avec un vieux château.

Le Maréchal de Villars, après la victoire de Denain & la prise de Douay, vint investir la ville du Quesnoy, occupée par les Alliés. L'ouverture de la tranchée se fit le 18 Septembre en quatre endroits différens, afin de partager le feu des assiégés. Le Général Jvoy commandoit dans la place, qu'on avoit à peine eu le tems de réparer. Il se défendit avec toute la bravoure possible; mais comme il manqua d'argent dès le commencement du siége, il fut obligé de donner cours à une sorte de monnoie extraordinaire. Cette piece est un morceau de carte à huit pans, où l'on voit Pl. XIX, N°. 6.
d'un côté l'empreinte des armes du Gouverneur sur du pain à cacheter rouge, couvert de papier, & de l'autre côté ces mots, écrits de sa propre main: *4 sols. Quesnoy, Gouverneur Jvoy.* Le 4 Octobre tout étant prêt pour un assaut général, le Gouverneur battit la chamade sur les quatre heures après midi, & fut obligé de se rendre prisonnier de guerre.

RAGOTZKY,

Guerre de Hongrie. Pieces de nécessité, 1704, 1705, 1707.

Le Comte François Ragotzky, dont les ancêtres avoient été Princes de Transilvanie, parvint, durant les derniers troubles de

Hongrie, à se faire proclamer deux fois Prince de Transilvanie, savoir, au mois d'Août 1704, & le 28 Mars 1707; mais ayant été obligé de se retirer en 1711, il passa en France, & de là se rendit en 1717 en Turquie, où il mourut le 8 Avril 1735.

Etant maître de quelques places en Hongrie, il fit frapper des florins d'argent avec cette légende:

Pl. XXVI, N°. 1. *Moneta nova argentea regni Hungariæ*. (Monnoie nouvelle d'argent du royaume de Hongrie). Les armes de ce royaume. ℟. *Patrona Hungariæ*. La sainte Vierge avec l'Enfant Jésus. K. B. signifient Keres Banya ou Kremnitz. Kundman, p. 59.

N°. 2. Ce florin est de cuivre. On y voit les armes de Hongrie, l'année 1705, & à gauche un petit timbre représentant la sainte Vierge avec l'Enfant Jésus. ℟. *Pro libertate*. (Pour la liberté). La sainte Vierge avec l'Enfant Jésus. P. H. signifient *Patrona Hungariæ*. Les chiffres XX dénotent que ce florin valoit 20 silvergros. En nature.

N°. 3. Demi-florin de cuivre valant 10 silvergros. En nature.

N°. 4. *Poltura anno 1707*. Cette piece est de cuivre & valoit un demi-silvergros. Ici l'Enfant Jésus se trouve sur le bras gauche de la sainte Vierge, tandis qu'aux N°s 1 & 2 il se trouve sur le bras droit. En nature. *Voyez* aussi Kundman. *Nummi singulares*, p. 59.

RATISBONNE,

Assiégée par les Impériaux & les Bavarois, 1632.

RATISBONA, RATISPONA, AUGUSTA-TIBERII, REGINUM, RESINOBURGUM, REGINA-CASTRA, RHÆTOBONNA & RHÆTOPOLIS, en allemand, *Regensbourg*, ville épiscopale, libre & impériale dans le cercle de Baviere sur le Danube. Gustave Adolphe fit

fit cette année de grands progrès en Baviere, mit la capitale à contribution, & battit le Général Tilly qui fut blessé à mort. Avant de mourir, ce Général conseilla à l'Electeur de faire tous ses efforts pour conserver Ingolstadt & Ratisbonne, seul moyen d'empêcher le Roi de Suede de se soutenir en Baviere. Pour cet effet les Impériaux & les Bavarois, partie par convention, partie par finesse, & partie par force, s'emparerent de la ville Impériale de Ratisbonne. Ces troupes traiterent durement les habitans : l'Electeur les accusa de favoriser secretement les Suédois, & d'avoir acheté à bas prix les effets que les soldats avoient pillés ; en conséquence il imposa la ville à une contribution de 60000 rixdalles, qui furent réduites à 40000. Les habitans n'ayant point d'argent comptant, furent obligés de porter à la Maison-de-ville & à la Monnoie toute leur vaisselle d'argent, leurs joyaux & bijoux. Vers la fin de l'année 1633, le Duc Bernard de Weymar s'empara de Ratisbonne.

Avec l'argent on fit frapper cette rixdalle portant le nom de Ferdinand II, Empereur. *1632*. ℟. *Moneta Reipublicæ Ratisponensis*. (Monnoie de la république de Ratisbonne). Un ange tenant les armes de cette ville. Pl. XXIV, N°. 3.

L'or servit à frapper ce ducat. Les noms & armes de l'Empereur. ℟. *Extremum subsidium Ratisponense*. (Derniere ressource de Ratisbonne) 1632. Les armes de cette ville. *Voy*. Baur, Recr. numism. En allemand. N°. 4.

ROME,

Voyez CLEMENT VII.

S. VENANT,

Assiégée par M. de Turenne en 1657.

S. VENANTII FANUM, ville de France en Artois, ſur les frontieres de la Flandre. En 1649 les Eſpagnols profitant des troubles de la France, prirent S. Venant; mais le 27 Août 1657 M. de Turenne emporta cette place en trois jours de tranchée ouverte.

Pl. XVI, N°. 9. Piece carrée oblongue, timbrée des deux côtés d'une fleur de lys, avec cette Inſcription gravée d'un côté au burin : Pour trente ſols, de la vaiſſelle du Maréchal de Turenne, aſſiégeant S. Venant, 1657. (Cette piece eſt une monnoie de néceſſité, & non pas obſidionale). Elle eſt d'argent & peſe 3 gros 22 grains. Cabin. de M. de Boullongne.

SCARBOROUGH,

Assiégée par les Parlementaires en 1645.

VILLE d'Angleterre dans la province d'Yorck, au nord-eſt, avec un château fort. Pendant les troubles entre le Roi Charles I, & le Parlement, elle fut aſſiégée en 1645 par les Parlementaires, & on fut obligé de frapper la piece ſuivante.

Pl. XV, N°. 6. Piece carrée oblongue, avec cette Inſcription : *Obſeſſa Scarboroug*, 1645 ℞. Un château, & au-deſſous $\frac{S}{II}\,\frac{D}{VI}$ (2 ſchelins 6 ſols). C'eſt une demi-couronne qui peſe 219 ½ grains. Recueil des monnoies angloiſes par la Société des Antiquaires de Londres.

SCHOONHOVE,

Aſſiégée par les Eſpagnols en 1575.

SCHONHOVIA, ville forte des Provinces-Unies au comté de Hollande, avec un port fort commode. Hiergues, après avoir réparé les breches d'Oudewater, & y avoir mis une garniſon ſuffiſante, inveſtit la ville de Schoonhove le 12 Août 1575. Le Prince d'Orange envoya au ſecours le Colonel la Garde, François, avec cinq bâtimens chargés de vivres, de munitions & d'un bon nombre de ſoldats. Quatre de ces bâtimens entrerent dans la ville en combattant. Les aſſiégeans commencerent à battre la ville avec vingt-ſix pieces de canon, & il y avoit déjà une breche de trois cents pas. En outre les bourgeois deſiroient de rentrer ſous la domination du Roi d'Eſpagne. Le Gouverneur demanda donc à capituler, voyant que la place n'étoit pas tenable, & ſortit avec les honneurs de la guerre le 24 du même mois.

Pendant ce ſiége le Gouverneur fit frapper, pour payer ſa garniſon, des pieces de néceſſité, dont les Etats donnerent dans la ſuite la valeur en monnoie courante.

Cette piece porte vers le bas l'année du ſiége 1575, & vers le haut I, qui marque la valeur pour laquelle elle eut cours, ſavoir, un ſol. Au milieu eſt une S, lettre initiale du nom de la ville de Schoonhove. Pl. V, N°. 7.

Il y a auſſi eu des pieces de deux, de trois & de quatre ſols, toutes du même coin, mais de différentes grandeurs, & avec les chiffres de leur valeur.

On voit vers le bas l'année du ſiége 1575, & vers le haut la valeur pour laquelle cette piece eut cours, ſavoir, douze ſols. Au milieu eſt une S renverſée, qui eſt la lettre initiale de la ville de Schoonhove. N°. 8.

Il y en a eu une autre du même coin, avec cette différence qu'elle ne valoit que ſix ſols, comme on peut le voir par le chiffre. Van Loon, Tom. I, p. 206; Klots, p. 90.

SIGISMOND III,

Roi de Pologne,

Contre Maximilien, Archiduc d'Autriche, 1587.

Sigismond III, fils de Jean III, Roi de Suede, & petit-fils, par ſa mere, de Sigiſmond I, Roi de Pologne, fut proclamé Souverain de ce royaume le 9 Août 1587. L'Archiduc Maximilien, ſon concurrent, qui avoit eu des voix à l'élection, fit ſes efforts pour s'emparer du trône; mais ayant été battu par le Palatin Zamoski, Sigiſmond fut couronné à Cracovie le 27 Décembre.

Pl. XXIII, N°. 2. Pour ſe ſoutenir, il fut obligé de frapper des pieces de néceſſité. Celle-ci porte *Sigiſmundus III*, *Dei gratiâ Rex Poloniæ*, *deſignatus Sueciæ*. ℞. *Pro jure & pro populo.* (Sigiſmond III, par la grace de Dieu, Roi de Pologne, déſigné Roi de Suede. Pour le droit & pour le peuple).

N°. 3. La ſeconde piece repréſente l'aigle de Pologne couronné & plaſtroné de la lettre P (Pologne.) ℞. Une femme armée, peut-être Minerve ou Bellone.

SILÉSIE,

Guerre de trente ans, 1621.

Au commencement de la guerre de trente ans, qui fut ſuſcitée par rapport à la religion, les différens Princes de Siléſie, qui s'étoient s'étoient mêlés des troubles de Bohême, & qui tenoient pour Frédéric, Roi intrus en Bohême, furent obligés de hausser, tripler & quadrupler leurs monnoies, auxquelles ils donnerent une valeur exorbitante.

Celle-ci est d'argent, sans revers, & porte pour légende : *Moneta argentea Silesiæ, III talerorum.* (Monnoie d'argent valant trois écus). Les armes de Silésie : 1621. En haut & en bas se trouvent deux petites marques, probablement celles du monnoyeur. Pl. XXIII, N°. 9.

La seconde est d'or & porte cette Inscription : *Moneta aurea Silesiæ XXV Joachimicorum.* (Monnoie d'or de Silésie, valant vingt-cinq écus) 1621. H.R. nom du monnoyeur. Revers, les armes de Silésie. Pl. XXIV, N°. 1.

Il y en a eu de plusieurs sortes. *Voy.* Klotz, p. 40; Dewerdeck, *in Silesiâ numism.* p. 813; Koehler, P. IV, p. 369; Kundman, p. 69.

STEENWYCK,

Assiégée par les François en 1580.

STENOVICUM, ville forte des Provinces-Unies dans la province d'Overissel sur l'Aa. Le Comte de Rennenberg, qui avoit longtems soutenu les Flamands rébelles, s'étant ensuite attaché au parti espagnol, & ayant eu différens avantages, investit la ville de Steenwyck le 18 Octobre 1580. La garnison fit toute la résistance possible, mais les capitaines refusant de recevoir à un certain prix des pieces de cuivre, & prétendant encore qu'au défaut de la solde ordinaire, on pourvût les soldats de vivres, on convoqua dans l'Hôtel-de-ville les principaux Magistrats, & on y prit la résolution de mettre le coin de la ville, qui est une ancre, sur l'argent comptant qui restoit encore, & qui pouvoit aller à environ neuf cens florins. Par là cet argent devoit avoir cours pour le double de sa valeur ordinaire, & l'on promit que la ville porteroit toute la perte en échangeant, après la fin du siége, ces pieces pour de la monnoie courante. Ce moyen ne suffisant pas, Norris, chargé par les Etats, eut le bonheur de faire entrer dans la ville de l'argent & de la poudre. Cet heureux évenement fut cause que Rennenberg desespérant de parvenir à son but, leva le siége la nuit du 22 au 23 Février 1581.

Pl. VIII, N°. 9. La tête de cette piece porte : *Philippus*, *Dei gratiâ*, *Rex Hispaniarum*. (Philippe, par la grace de Dieu, Roi d'Espagne). Son buste ; & le revers : *Pax multa diligentibus legem tuam*. (Paix abondante à ceux qui aiment ta loi). Les armes de Gueldres. Hist. métal. des Pays-Bas, T. I, p. 286. Luckius.

THEODORE,

Roi de Corse.

L'Isle de Corse, Corsica, située dans la Méditerranée, fut une des premieres conquêtes des Genois, qui la prirent au neuvieme siecle sur les Sarrazins. L'an 1730 les Corses se souleverent à cause de la dureté des Génois, qui obtinrent jusqu'à trois fois des secours de l'Empereur. La paix fut rétablie, mais en 1735, les Corses étant déterminés à s'affranchir pour toujours de la domination génoise, voulurent former une République indépendante. En 1736 un vaisseau anglois arriva au port d'Aleria, dont les rébelles étoient maîtres, & y débarqua vers la mi-Mars le fameux Théodore, Baron de Neuhoff, avec une suite de quinze personnes. L'arrivée de cet étranger dont la bonne mine, les largesses & les promesses enchanterent les Corses, leur fit préférer la royauté au systême républicain. Le 15 Avril Théodore fut élu Roi dans l'assemblée générale tenue à Alezano. Né dans le comté de la Mark, élevé en France, marié en Espagne, il avoit moins de fortune que de naissance, de projets & de talens. Le 4 Novembre il s'embarqua pour aller former en Hollande une compagnie de commerce. En 1737 il fut arrêté à Amsterdam par ses créanciers, mais il trouva moyen de les satisfaire. Les Génois obtinrent des troupes de la France, & les troubles cesserent en 1740. *Voy.* PAOLI.

Pendant sa courte royauté, Théodore fit frapper des pieces de nécessité; elles sont de cuivre.

Celle-ci porte T. R. (*Theodorus Rex*) 1736. ℞. *Pro bono publico.* (Pour le bien public). Je ne sais ce que peut signifier *Ro. Ce.* Dans le champ, *soldi cinque* (5 sols). En nature. Pl. XXVII, N°. 8.

La seconde piece a la même tête. ℞. Même légende : dans le champ *soldi due* (2 sols). En nature. N°. 9.

TOURNAY,

Assiégée par les Impériaux en 1521.

TORNACUM, ville forte des Pays-Bas Autrichiens, dans la Flandre, capitale du Tournesis. François premier s'étant brouillé avec l'Empereur Charles-Quint, le Comte de Nassau, Général de l'Empereur, forma le siége de Tournay qui duroit depuis quatre mois, lorsque le Roi envoya le Duc de Vendôme pour faire lever le siége; mais n'ayant pas pu en venir à bout, la ville parlementa le premier Novembre, & demanda un délai de quinze jours pour se rendre. N'ayant reçu, au bout de ce tems, aucun secours, elle se rendit au Comte de Nassau. La garnison fut conduite à Dourlens. Les trois pieces suivantes ont été frappées pendant le siége, faute d'argent courant.

Pl. XX, N°. 3. Cette piece présente les armes de Tournay, qui sont un château d'argent dans un champ de gueules surmonté d'une fleur de lys ; aux deux côtés deux F. couronnées, monogrammes de François I. Au bas 1521. ℞. Une croix fleurdelisée, avec une fleur de lys sur le tout.

N°. 4. Celle-ci est semblable à la précédente, excepté qu'elle n'a ni les monogrammes, ni l'année. *Nota.* le Blanc l'attribue, p. 282 B, à Charles V.

N°. 5. *Diu nous doin pays.* Les armes de Tournay entre deux fleurs de lys couronnées. ℞. *Et en la fin sa grase.* Une croix fleurdelisée. *Voy.* Mieris, T. II, p. 136 ; Klotz, p. 72.

Assiégée par les Espagnols en 1581.

Les Etats Généraux & le Prince d'Orange avoient fait tous leurs efforts auprès du Duc d'Alençon, pour l'engager à profiter des faveurs de la fortune, mais il fut traversé par les disputes fâcheuses qui s'éleverent parmi les Généraux François touchant le rang ; de plus, il se transporta lui-même en Angleterre avec une suite magnifique, pour presser en personne son mariage avec la Reine Elisabeth. Le Prince de Parme ne laissa point échapper cette occasion, & ayant appris que le Prince d'Espinoy étoit sorti avec la meilleure partie de la garnison pour se rendre maître de Saint-Guilain, il investit Tournay le premier Octobre. Ceux de la ville, pour retenir les soldats dans le devoir, en les payant bien, firent frapper, dès le commencement du siége, les pieces de nécessité suivantes. Le Seigneur d'Estrelles, Lieutenant, choisi pour Commandant en l'absence du Gouverneur, repoussa vaillamment les assaillans ; mais rien ne contribua plus à ranimer le courage des assiégés, que la conduite héroïque de Catherine d'Espinoy, épouse du du Gouverneur. Quelque bravoure que l'exemple de cette héroïne inſpirât à ceux de la ville, pour la bien défendre, il étoit pourtant impoſſible qu'une garniſon ſi foible ne ſuccombât point à la fin ſous les forces ſupérieures de l'ennemi. Auſſi la place fut-elle obligée de ſe rendre, & la garniſon obtint une capitulation très-honorable qui fut ſignée le 29 Novembre.

Cette piece eſt d'argent ; elle valoit 40 ſols. On y voit, vers le haut, dans un petit écuſſon, les armes du Prince d'Eſpinoy, Gouverneur de la ville ; dans le milieu une tour qui compoſe les armes de Tournay, & dans le champ l'année du ſiége 1581, avec cette légende : *Tornaco obſeſſo 5 Octobris.* (Tournay étant aſſiégée le 5 Octobre). Van Loon, T. I, p. 298. Pl. IX, N°. 3.

A l'endroit cité il y a une piece de pareil coin, mais plus petite & de la valeur de 20 ſols ; la ſeule différence du type vient de ce qu'il y a ici *Torn* pour *Tornaco*.

Celle-ci eſt de cuivre jaune, & de la valeur de 20 ſols, comme on le voit par les chiffres qui ſont au bas. Vers le haut ſont les armes du Gouverneur abſent, & au milieu celles de la ville avec cette légende : *Urgente obſidione Tornacenſi.* (Dans l'urgente néceſſité de Tournay pendant le ſiége) *1581. Ibid.* N°. 4.

En haut un petit écuſſon avec des armes particulieres. Dans le champ ſont celles de Tournay, & l'année 1581, avec cette légende : *Touray obſeſſo 5 Octobris.* (Tournay étant aſſiégée le 5 Octobre). *Ibid.* N°. 5.

Aſſiégée par les Alliés en 1709.

Les négociations pour la paix entre la France & les Alliés ayant été rompues, M. Rouillé partit pour la France le 9 Juin, & le Duc de Marlborough pour l'armée. Celui-ci inveſtit le 27 du même mois la ville de Tournay, place extrêmement forte, & où il y avoit une garniſon de plus de quatre mille hommes commandés par M. de Surville. La circonvallation étant achevée, on ouvrit la tranchée le 7 Juillet. Le 13 on commença à battre le dehors de la place, & le 17 à combler le foſſé. L'ouvrage à corne ayant été emporté l'épée à la main, & M. de Surville ſe voyant ſerré de près, fit arborer le drapeau blanc le 28 entre ſept & huit heures du ſoir. La capitulation fut ſignée le lendemain, & la garniſon ſe retira dans la citadelle qui fut obligée de ſe rendre le 2 de Septembre. Pendant ce ſiége, le Gouverneur fit frapper trois ſortes de monnoies.

Pl. XVIII, N°. 10. La premiere fut faite de la vaiſſelle d'argent de M. de Surville & des principaux bourgeois. L'empreinte eſt des plus extraordinaires & ſans exemple. (*Voy.* le mémoire de M. de Boze, inſéré dans l'Hiſtoire de l'Académie des Inſcriptions & Belles-Lettres). Le buſte du Gouverneur couronné de lauriers, en haut le chiffre 20 (ſols); au bas une tour, armes de la ville de Tournay, & pour légende : *Monſieur de Surville.* Elle peſe 1 gros ½, 23 grains. Cab. de M. de Boullongne.

N°. 11. La deuxieme eſt de cuivre : elle porte d'un côté les armes du Gouverneur, ſurmontées d'une couronne, & accompagnées de deux palmes. On voit en haut le chiffre 8 & la lettre S (8 ſols). Le revers préſente l'année par ce chronographe : Moneta In obsIDIone tornaCensI CVsa (Monnoie frappée à Tournay pendant le ſiége). *Ibid.*

Pl. XIX, N°. 1. La troiſieme eſt auſſi de cuivre & eut cours pour deux ſols, comme le marque le chiffre 2. On y voit une tour, armes de la ville ; au-deſſous le milléſime, avec la légende : *Tornaco obſeſſo.* (Pendant le ſiége de Tournay). *Ibid.*

Voyez Van Loon, Tom. V, p. 139.

VALENCIENNES,

Assiégée par les Espagnols en 1557.

La ville de Valenciennes, Valentianæ, Valencenæ & Valentinianæ, est la capitale du Haynaut François aux Pays-Bas sur l'Escaut, qui la divise en deux parties.

Cette ville ayant refusé de recevoir garnison Espagnole, par la confiance qu'elle avoit dans le secours des nobles ligués, la Gouvernante, Marguerite d'Autriche, ordonna au Général Noircarmes d'attaquer la ville. Les huguenots de France envoyerent à son secours trois mille hommes, mais ils furent battus & dissipés par Noircarmes & le seigneur de Rassenghiem. Les assiégés se voyant exposés à un péril inévitable, furent obligés le 24 Mars de se soumettre & de se rendre à discrétion. Noircarmes fit décapiter le Gouverneur, son fils, plusieurs réformés, & pendre deux Ministres.

Il est probable que ce fut pendant ce siége, qui avoit rendu les vivres & l'argent très-rares, que fut frappée cette piece de plomb, en forme octogone, la premiere de cette nature qui ait paru dans les troubles des Pays-Bas.

On y voit entre les chiffres 15-67, qui marquent l'année de ce siége, la croix de Bourgogne & *le fer à feu*, surmontés d'une couronne, preuve qu'on prétendoit alors n'avoir pris les armes que contre le mauvais ministre, sans en vouloir au Souverain lui-même. Pl. II, N°. 1.

Van Loon, Tom. I, p. 94; Klotz, p. 81.

VIENNE,

Assiégée par les Turcs en 1529.

VIENNA, VINDOBONA, ARA-FLAVIANA & VENDUM, capitale de l'Autriche & depuis long-tems la résidence ordinaire des Empereurs. Louis, Roi de Hongrie étant décédé, Jean Comte de Zebuse, Zapolski ou Zapol, fils d'Etienne Zapolski, Vaivode de Transilvanie, aspira à la royauté au préjudice de l'Archiduc Ferdinand, & appela à son secours Soliman II, Empereur des Turcs, qui entra en Hongrie avec une armée formidable, dans le dessein de faire le siége de Vienne. Ferdinand, Roi de Hongrie, arriva dans cette ville le 22 Septembre, & fit demander du secours aux Princes de l'empire, assemblés alors à Spire. Frédéric, Comte Palatin du Rhin, Duc de Baviere, fut nommé Général des troupes, & Philippe, son neveu, fut chargé de la défense de la ville de Vienne. Le 13 Octobre les Turcs donnerent un assaut général; mais les soldats de la garnison, secondés par les habitans, combattirent avec tant de courage & d'intrépidité, que l'ennemi fut repoussé partout avec grande perte. Le 16 Octobre le Roi Ferdinand & le Comte Palatin s'étant approchés du camp des ennemis, les Turcs prirent la fuite & abandonnerent tout. Pendant ce siége, ils perdirent plus de quarante mille hommes. (*Voy.* Soiterus J. C. *de bello Pannonico.*

Les six pieces suivantes ont été frappées dans la ville pendant le siége.

Pl. 1, N°. 4. Cette piece porte les armes d'Autriche couronnées, & au revers : *Turck blegert Wien.* (Les Turcs assiégerent Vienne) 1529. Luckius, p. 69.

N°. 5. La tête du Roi Ferdinand entre 15-29, & au bas *Turck blegert Wien*

Wien. ℟. Une croix cantonnée des armes d'Autriche, Caſtille, Bohême & Hongrie. *Luckius*, *ibid.*

Turck belegert Wien. (Les Turcs aſſiégent Vienne) 1529. Le N°. 6.
revers eſt le même que celui du n°. précédent. *Luckius*, *ibid.*

M. de Boullongne poſſede une piece pareille, mais avec cette différence qu'il y a *blegert* pour *belegert.* Elle eſt d'argent & peſe 62 grains.

C'eſt le même coin en petit que le n°. 5, excepté que la tête du N°. 7.
roi Ferdinand eſt tournée à gauche, & qu'il y a *bligert* pour *blegert.* Les armes au revers ſont autrement diſpoſées. Elle eſt d'argent & peſe 31 grains. Cab. de M. de Boullongne.

Cette piece eſt de plomb & ſe trouve dans Budelius, *de monetis* N°. 8.
& re monetariâ (imprimé à Cologne en 1591). L'Inſcription & les armes ſont les mêmes qu'au n°. *6*, mais la figure eſt différente.

Le buſte du Roi Ferdinand tourné à gauche avec l'année 1529. Pl. XXI, N°. 1.
Le revers eſt le même que celui du n°. 7. Elle eſt d'or & ſe trouve dans Mieris, Tom. II, p. 307.

Il exiſte une ſeptieme piece d'argent qui ſe trouve dans le cabinet du Duc de Wurtemberg : elle porte au revers : *Den XXIII. Tag. Septembris anno* Domini *1529.* (Le 23 Septembre 1529), jour que le ſiége commença. Voyez *Cimeliarch. num. duc. Wurtembergiæ, fol. 93.*

Aſſiégée par les mêmes, 1683.

Kara Muſtapha, grand Viſir de Mahomet IV, ſuccéda en 1678 à Ahmed Cuproli, & rompit la trêve concluе par ſon prédéceſſeur avec l'Empire. En 1683 il paſſa en Hongrie avec une armée de deux cent mille hommes, une artillerie de trois cens pieces de canon, & marcha droit à Vienne. Le 7 Juillet la ville étoit déjà inveſtie de toutes parts, & le 14 la tranchée fut ouverte. Le Comte de Staremberg, Gouverneur de la ville, homme consommé dans l'art de la guerre, assisté des Comtes de Capliers & Serini, se défendit en héros : malgré sa résistance, la ville fut réduite aux abois. Dans cette extrémité, Léopold eut recours à la Pologne & aux Princes de l'Empire. Jean Sobieski, la terreur des Ottomans, vola au secours de Vienne à la tête de vingt-cinq mille hommes ; les troupes Allemandes s'étant jointes à lui, l'armée chrétienne se trouva composée d'environ soixante-quatorze mille hommes. On y comptoit quatre Souverains, Jean Sobieski, Maximilien Emmanuel, Electeur de Baviere, Jean-George III, Electeur de Saxe, Charles V, Duc de Lorraine, & vingt-six Princes de Maisons souveraines, trois d'Anhalt, deux de Hannover, trois de Saxe, trois de Neubourg, deux de Wurtemberg, deux de Holstein, un de Hesse-Cassel, un de Hohenzollern, deux de Bade, un de Salm, le Chevalier de Savoye, & le Prince de Saxe Lavembourg de l'ancienne Maison d'Ascanie. Le 11 Septembre l'armée chrétienne arriva à la vue de l'ennemi. Sobieski, après avoir examiné les dispositions du Grand Visir, dit aux généraux Allemands : *Cet homme est mal campé ; je le connois, c'est un ignorant présomptueux, nous le battrons.* Le lendemain le combat commença dès la pointe du jour : tout plia devant l'armée chrétienne ; les Turcs prirent la fuite, & laisserent dans leur camp des richesses immenses. Le roi de Pologne, écrivant à la Reine son épouse, lui manda : *le Grand Visir m'a fait son légataire universel.* Ce héros entra dans Vienne par la breche ; tout le peuple l'appeloit son pere & son libérateur. Il alla droit à la cathédrale, où il entonna lui-même le *Te Deum.*

Pl. XVII, N°. 6. Cette petite médaille a été frappée à l'occasion de la levée du siége. On voit au milieu la ville de Vienne, & au bas le camp des Turcs. ℞. *Wien belagerte der Turck 1683 den* $\frac{14}{4}$ *Jul. ward entſetzt d.* $\frac{11}{1}$ *Sep. mit verluſt all ſeiner ſtuck.* (Vienne fut aſſiégée par les Turcs le 14 Juillet 1683; ils leverent le ſiége le 12 Septembre, en abandonnant toute leur artillerie).

Sur la tranche: *Die es ſehen werden ſagen: das hat gott gethan.* (Ceux qui le voyent, diront: c'eſt Dieu qui l'a fait).

Elle eſt d'argent & peſe 2 gros 21 grains. Cabinet de M. de Boullongne.

ULM,

Aſſiégée par les Impériaux en 1704.

Ulma ou Hulma, ville libre & impériale au cercle de Souabe. Après la victoire remportée ſur les Bavarois & les François à la bataille de Hochſtett, les Alliés, commandés par le Prince Eugene & le Duc de Marlborough, envoyerent une partie de leur armée en Souabe ſous les ordres du Général de Thungen, pour aſſiéger Ulm, que l'ennemi tenoit encore. Les aſſiégés ſe préparerent à faire une vigoureuſe réſiſtance, malgré le mécontentement des habitans. Comme il ne ſe trouva pas aſſez d'argent monnoyé dans la ville, à cauſe de l'interruption du commerce, les bourgeois furent obligés de porter à la maiſon de ville toute leur argenterie, leurs chaînes, bagues & braſſelets d'or, & le Commandant leur permit de frapper les pieces ſuivantes. La tranchée fut ouverte le 5 Septembre, & les ouvrages pouſſés avec tant de vigueur, que le Gouverneur Bettendorff fut obligé de battre la chamade le 10 du même mois. Van Loon, Tom. IV, p. 435.

Cette piece eſt d'or & repréſente les armes de la ville d'Ulm. Pl. XVIII, N°. 4.
℟. *Num*mus *aureus Reipubl*icæ Ulmenſis (Monnoie d'or de la République d'Ulm). 1704. Elle valoit 21' florins de Baviere. *Ibid.*

N°. 5. Celle-ci eſt d'argent & repréſente l'aigle impériale (parce que la ville eſt impériale), avec cette légende: *Da pacem nobis Domine* (Seigneur, donnez-nous la paix) 1704. ℞. Les armes de la ville. *Moneta argentea Reipublicæ Ulmenſis.* (Monnoie d'argent de la République d'Ulm). Elle peſe 3 gros ½ 12 grains, & valoit un florin. En nature.

WISMAR,

Aſſiégée par les Ruſſes, les Danois, les Saxons, les Hanovriens & les Pruſſiens, 1715.

Vismaria, ville au cercle de la baſſe Saxe, capitale du duché de Mecklenbourg. En 1712 le Roi de Dannemarck déclara la guerre à la Suede, & l'année d'enſuite la Moſcovie, le Dannemarck, la Saxe, Hanovre & la Pruſſe firent de même. En 1715 la ville de Stralſund fut priſe d'aſſaut. Celle de Wiſmar fut auſſi obligée de ſe rendre; pendant ce ſiége on frappa dans la ville des pieces de néceſſité de cuivre jaune; il y en avoit de trois ſortes; la premiere étoit de XVI ſchillings peſant une livre 12 onces, la ſeconde de VIII ſchillings ou 14 onces, & la troiſieme de
Pl. XXVI, N°. 5. IV ſchillings ou 7 onces. En haut ſont les armes de Wiſmar, ſavoir; dans le premier quartier, la moitié d'une tête de bœuf noir, avec un anneau dans la bouche en un champ d'argent; dans le ſecond quartier deux bandes rouges en travers, auſſi dans un champ d'argent. On voit au milieu la valeur de la piece, & aux quatre coins l'année. La premiere valoit un demi-florin, la ſeconde quatre bons gros, & la derniere deux bons gros. *Voy.* Kundman, pag. 55; & Klotz, p. 128.

WOERDEN,

Assiégée par les Espagnols en 1575.

VOERDA, ville forte des Provinces-unies dans la Hollande, sur le Rhin. Le Comte de Megen, beau-frere d'Hiergues, investit le 8 Septembre, par ordre de Don Louis, la ville de Woerden. Rudolphe de Stackenbroek en étoit Gouverneur pour les Etats. Les assiégés résolurent de se défendre, & de suivre l'exemple de ceux de Leiden. Comme les troupes Espagnoles s'étoient mutinées dans l'île de Schouwen, le Conseil d'état se vit contraint de faire venir à son secours les troupes encore fidèles qui assiégeoient Woerden. Ainsi le siége fut levé le 24 Août 1576.

Pendant ce siége on frappa, pour subvenir aux besoins pressans, différentes pieces d'étain pour la valeur de sept mille francs, qui furent remboursés dans la suite par les États.

Cette piece a eu cours pour 40 sols. Au milieu sont les armes Pl. V, de la ville, & en haut l'année (15)75, dans laquelle elle fut N°. 2. frappée. La légende porte : *Pro aris & focis.* (Pour la religion & la patrie). Hist. métallique de Van Loon, T. I, p. 207.

Celle-ci a eu cours pour 20 sols, comme on peut le voir par N°. 3. les chiffres 20 qui sont dans le champ. Elle a les mêmes armes & la même légende que la précédente, excepté que l'année 75 est à la suite de la légende. *Ibid.*

Elle avoit cours pour 10 sols, comme il paroît par ces deux N°. 4. chiffres que l'on voit dans le champ. Au reste elle est semblable à celle du n°. 2, excepté que dans un des coins en bas, on voit les armes de Hollande sur un petit écusson. *Ibid.*

Cette monnoie valoit 2 sols. On n'y voit que l'écu de la ville, N°. 5. sans légende.

Il y a eu une piece du même coin, mais un peu plus grande,

de la valeur de 4 ſols, comme il paroît par le champ. *Ibid.*

Pl. V, N°. 6. Celle-ci a eu cours pour 1 ſol. On y lit ſeulement le nom de la ville de *Woerden. Ibid.*

YPRES,

Aſſiégée par les Eſpagnols en 1583.

Ipra ou Ipræ, ville forte des Pays-Bas Autrichiens au comté de Flandre. Les Etats des Pays-bas ne poſſédoient plus que la ville d'Ypres, un des quatre membres de la Flandre. Cette place avoit pour Commandant le ſeigneur de Marquette, qui avoit déjà donné des preuves de ſa valeur. Le Duc de Parme mit le ſiége devant cette ville, malgré les rigueurs de l'hiver; mais c'étoit plutôt un blocus qu'un ſiége. Les troupes des Etats tenterent, à différentes repriſes, de jeter du ſecours dans la ville; elles furent toujours battues & diſſipées. Les vivres diminuant de jour en jour, ſe vendoient à un prix ſi exorbitant, que la ſolde modique des ſoldats n'auroit jamais pu fournir à leur nourriture, ſi le Gouverneur n'y avoit ſubvenu, en faiſant frapper les pieces de plomb ſuivantes. Cette ville, qui étoit toujours reſtée bloquée, fut contrainte, par une extrême famine, de ſe rendre vers le milieu d'Avril au ſeigneur de Werp, qui commandoit le blocus.

Pl. IX, N°. 9. Celle-ci eut cours, durant le blocus, pour 20 ſols, comme il paroît par les chiffres XX^s. Dans le champ on voit l'année (15)83. Au-deſſus des armes de Flandre eſt la légende : *Quid non cogit neceſſitas.* (A quoi ne réduit pas la néceſſité)?

N°. 10. La ſeconde n'a eu cours que pour 10 ſols. L'année eſt au-deſſus du Lion de Flandre, & on y lit cette légende : *Nil reſtat reliqui.* (Il ne nous reſte plus rien). Hiſt. métallique de Van Loon, T. I, p. 329; Klotz, p. 100.

ZIRICZÉE,

Assiégée par les Espagnols en 1575 & 1576.

SCALDIA & ZIRIZEA, ville forte des Provinces-unies dans la Zélande, la principale de l'isle de Schouwen, à l'embouchure de l'Escaut. Les Espagnols entreprirent, vers le mois d'Octobre 1575, le siége de Ziriczée, qui est la plus grande ville de l'isle de Schouwen. Le Colonel Arnaud Van-Dorp en étoit Gouverneur, & ne négligea rien pour relever le courage des bourgeois. On frappa, avant la fin de cette année, les quatre pieces d'étain qui suivent, pour payer les soldats.

Cette piece a les armes de Ziriczée au milieu. Vers le haut se trouve un petit écusson avec les armes de Zélande, & vers le bas l'année 1575. Pl. V; N°. 9.

Celle-ci n'a que les armes de Ziriczée, sous l'année 75. N°. 10.

Au milieu sont les armes de Ziriczée, vers le bas l'an 1575, & vers le haut on voit en petit l'écu de la ville. N°. 11.

Elle n'a que les armes de Ziriczée, & un petit écu. N°. 12.

Don Louis continua le blocus de Ziriczée pendant tout l'hiver suivant. Les assiégés se défendirent avec beaucoup de valeur, & firent avec succès des sorties très-fréquentes; mais les Espagnols ayant trouvé moyen de couper tout secours, le prix des vivres monta si haut, que pour faire subsister la garnison, l'on fut obligé de frapper, en 1576, de nouvelles pieces d'étain.

Sur celle de ce n°.... on voit l'écu de Ziriczée, & vers le bas l'année 1576. N°. 13.

Au milieu de cette piece se trouve une grande F entre ces deux chiffres 7.... 6, & les armes de Zélande sont à côté de cette lettre. N°. 14.

Nota. Il y a eu cette année deux pieces d'étain frappées en carré, pareilles aux n°s 9 & 11, avec la seule différence de l'année 1576.

Le Prince d'Orange avoit employé différens moyens pour forcer les Espagnols à lever le siége. Le mauvais succès obligea les assiégés réduits à la derniere extrémité, de traiter, à la fin de Juin, avec Mondragon qui commandoit le siége. Selon cet accord, la garnison se retira par mer, & les habitans, pour racheter le pillage, furent obligés de payer en peu de tems deux cent mille francs ; mais ils étoient tellement apauvris par un si long siége, que pour payer les premiers cent mille francs, ils furent forcés de porter à la Maison de ville toute leur argenterie, pour en faire frapper les pieces de nécessité suivantes, qui eurent cours pour trente sols & pour quinze.

Pl. V, N°. 15. Sur la premiere on lit cette Inscription : *Regiæ Ma*jestati *reconciliata Zirizea 2ª Julii a° 1576.* (Ziriczée reconciliée avec Sa Majesté le 2 Juillet 1576). Ce fut précisément ce jour-là que les Espagnols entrerent dans la ville. Au bas se trouve un monogramme que l'on croit être celui de Mondragon, Colonel Espagnol, qui commandoit le siége.

Van Loon, Tom. I, p. 214, donne une pareille piece, excepté que le monogramme ne s'y trouve pas.

N°. 16. Autre avec la même Inscription, & les armes de la ville au revers.

Pl. VI, N°. 1. Autre avec les armes de Zélande en haut, & sans revers.

Voyez l'Histoire métallique de Van Loon, Tom. I, p. 212 & 214 ; Joachimi, Part. I, p. 129.

FIN.

TABLE

Pour trouver à quel Siége ou à quelle Guerre chaque Piece appartient.

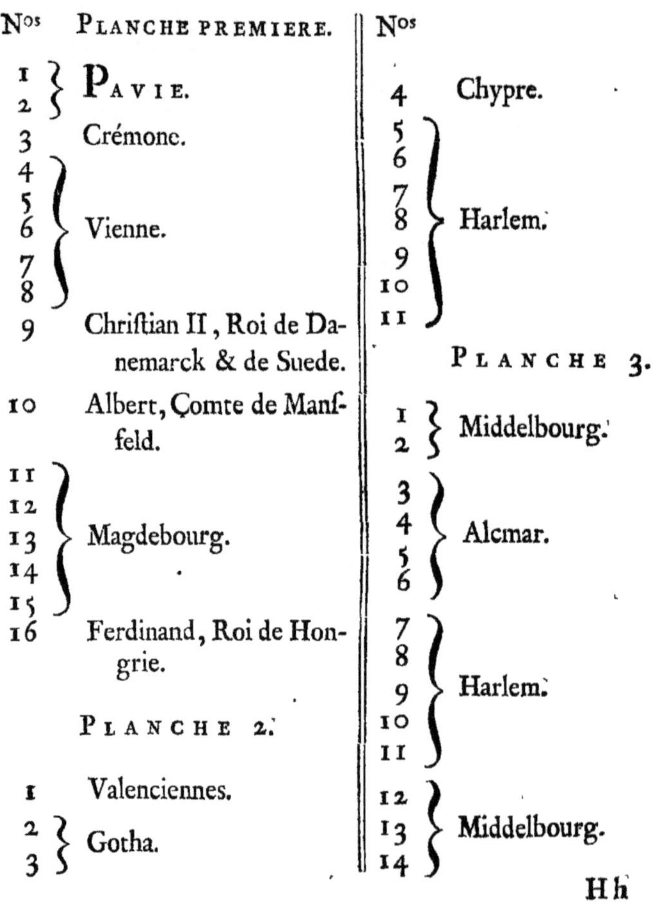

Nos	PLANCHE PREMIERE.
1, 2	PAVIE.
3	Crémone.
4, 5, 6, 7, 8	Vienne.
9	Christian II, Roi de Danemarck & de Suede.
10	Albert, Comte de Mansfeld.
11, 12, 13, 14, 15	Magdebourg.
16	Ferdinand, Roi de Hongrie.

Nos	PLANCHE 2.
1	Valenciennes.
2, 3	Gotha.
4	Chypre.
5, 6, 7, 8, 9, 10, 11	Harlem.

Nos	PLANCHE 3.
1, 2	Middelbourg.
3, 4, 5, 6	Alcmar.
7, 8, 9, 10, 11	Harlem.
12, 13, 14	Middelbourg.

PLANCHE 4.

N°	
1 2	Middelbourg.
3 4 5 6 7 8 9	Leyde.

PLANCHE 5.

N°	
1	Oudewater.
2 3 4 5 6	Woerden.
7 8	Schoonhoven.
9 10 11 12 13 14 15 16	Ziriczée.

PLANCHE. 6.

N°	
1	Ziriczée.
2 3 4 5 6	Breda.
7	Groningue.
8	Dantzic.
9 10 11 12	Amſterdam.

PLANCHE 7.

N°	
1 2 3 4	Amſterdam.
5 6 7	Campen.
8 9 10	Deventer.

PLANCHE 8.

N°	
1	Deventer.
2 3	Bruxelles.
4 5 6 7 8	Maſtricht.

9 Steenwyck.

PLANCHE 9.

1, 2 } Cambray.

3, 4, 5 } Tournay.

6, 7 } Oudenarde.

8 Bonn.

9, 10 } Ypres.

11, 12 } Bruxelles.

PLANCHE 10.

1 Neuſs ou Nuys.

2 Berg-op-Zoom.

3 Groningue.

4 Jean-George de Brandebourg.

5, 6, 7, 8, 9 } Cambray.

10, 11 } Bommel.

12 Juliers.

PLANCHE 11.

1, 2, 3, 4, 5, 6, 7 } Juliers.

8 Franckenthal.

9, 10, 11, 12, 13 } Breda.

14, 15 } Caſal.

PLANCHE 12.

1, 2 } Caſal.

3 Griphswald.

4 Oſnabrug.

5, 6 } Briſac.

7 Minden.

8, 9 } Aire.

PLANCHE 13.

1 Aire.

2–18 Charles I, Roi d'Angleterre.

PLANCHE 14.

1–18 Charles I, Roi d'Angleterre.

PLANCHE 15.

1, 2 Charles I, Roi d'Angleterre.

3, 4, 5 Carlile.

6 Scarborough.

7, 8, 9, 10 Newarck.

11 Compagnie des Indes Hollandoise au Bresil.

12 Corck.

PLANCHE 16.

1, 2 Charles II, Roi d'Angleterre.

3, 4, 5, 6 Pontrefact ou Pomfret.

7 Barcelone.

8 Compagnie des Indes Hollandoise au Bresil.

9 Saint-Venant.

10, 11, 12 Munster.

PLANCHE 17.

1, 2 Deventer.
3 Groningue.
4 Campen.
5 Leyde.
6 Vienne.
7 Cork.
8, 9 Landau.

PLANCHE 18.

1, 2, 3 Landau.
4, 5 Ulm.
6 Grand Varadin.
7, 8, 9 Lille.
10, 11 Tournay.

PLANCHE 19.

1 Tournay.
2, 3 Aire.
4, 5 Bouchain.
6 Quesnoy.
7, 8, 9, 10 Landau.
11, 12 Braunau.
13, 14 Egra.

PLANCHE 20.

1, 2 Gustave I, Roi de Suede.
3, 4, 5 Tournay.
6, 7 Clément VII, Pape.
8 Cathanzaro.

PLANCHE 21.

1 Vienne.
2 Christiern II, Roi de Danemarck.
3 Nice.
4 Guillaume, Duc de Juliers.
5 Philippe, Landgrave de Hesse.
6, 7, 8, 9 Maurice de Saxe.

PLANCHE 22

1, 2, 3 Jean-Frédéric, Electeur de Saxe.
4 Magdebourg.

5, 6 Albert, Marquis de Brandebourg Culmbach.

7 Ferdinand, Roi de Hongrie.

8 Gothard de Kettler.

9 Jean-Basile Heracles, Despote.

10 Eric XIV, Roi de Suede.

11 Frédéric II, Roi de Danemarck.

PLANCHE 23.

1 Jean Scepuse II.

2, 3 Sigismond III, Roi de Pologne.

4 Jametz.

5, 6 Geneve.

7, 8 Charles, Duc de Sudermanie.

9 Silesie.

PLANCHE 24.

1 Silesie.

2 Magdebourg.

3, 4 Ratisbonne.

5, 6, 7, 8 Henri de Lorraine, Duc de Guise.

9 Barcelone.

PLANCHE 25.

1, 2 Mayence.

3, 4, 5, 6, 7, 8 Jacques II, Roi d'Angleterre.

PLANCHE 26.

1, 2, 3, 4 Ragotzky.

5 Wismar.

6, 7, 8, 9 Charles XII, Roi de Suede.

PLANCHE 27.

1, 2, 3, 4, 5, 6 Charles XII, Roi de Suede.

7 Oran.

8, 9 Théodore, Roi de Corse.

10, 11 Paoli, Chef des rebelles en Corse.

TABLE

Des Siéges & Guerres mentionnés dans ce Recueil, dont plusieurs ne se trouvent pas dans l'Histoire des Siéges & Batailles publiée à Paris en trois vol. *in*-8°. 1771.

Fin des Tables.

RECRÉATIONS NUMISMATIQUES,

PLANCHE PREMIERE.

Nos

1 GUI, *Dux Athenes*, ℞. *Thebani civis.* Cette piece est de Guy d'Enghien, Seigneur d'Arges ou Argos & d'Athenes, fils de Gauthier, Seigneur d'Enghien, & d'Isabelle de Brienne, fille de Gauthier VI, Comte de Brienne, Duc d'Athenes, Connétable de France, tué à la bataille de Poitiers en 1356 : ainsi cette monnoie doit avoir été frappée vers le milieu du quatorzieme siecle ; elle est de Billon & pese 13 grains.

2 *Bitudulfus M*onetarius. Nom du monétaire qui a présidé à la fabrication de cette piece ; où l'on voit deux têtes accolées qu'on croit être celles de Thierry & Brunehaut : c'est par cette raison qu'on range ordinairement ce tiers de sol d'or au nombre des monnoies de la premiere race de France. Revers *Augustedunum* (Autun). Son poids est de 22 grains.

3 *Gregorius Electus.* Le Patriarche debout. ℞. *Civitas Aquilegia* (Aquilée). Le même Patriarche avec un Evêque tenant une croix. Denier d'argent pesant 23 grains.

4 Piece des Indes en argent, pesant 3 grains.

5 *Breciaco Fi* ; tiers de sol d'or avec une tête inconnue & *Fredulius M*onetarius au revers, pesant 20 grains.

6 Rouble de Russie frappé au coin du petit Ivan en 1741 ; il pese 6 gros 48 grains.

7 *Wicco Fit;* tête informe, avec une croix dans le champ. ℞. *Uncco, monet*arius. Denier d'argent de la premiere race, pesant 24 grains.

8 *Voyez* le Recueil des monnoies obsidionales, planche Ire, No. 1r.

9 Petite Médaille d'or frappée en 1605, avec les bustes de Henri IV & de Marie de Médicis en regard. ℞. Les armes de France & de Médicis, pesant 29 grains. Elle se trouve aussi en argent.

10 *Voyez* planche VI des obsidionales, No. 10.

11 Piece d'argent pesant un quart de grain, monnoie du royaume de Narvar, avec caracteres indiens. Ce royaume est une des provinces de l'empire du Mogol, & cette monnoie est la plus petite piece d'argent connue chez les Indiens; n'ayant point d'habits, & par conséquent de poches, ils en mettent une grande quantité sous leur langue, au rapport de Tavernier.

12 *Voyez* les Monnoies des Barons, Planche XXVIII, No. 1.

13 Ecu aux trois couronnes, frappé à l'avénement de Louis XV au trône : on y voit la tête du nouveau Roi au même revers de l'écu de son prédécesseur.

14 Cette Monnoie d'or de Nuremberg est la plus petite connue en Europe; d'un côté sont les armes de la ville, & de l'autre un agneau paschal.

15 Piece d'or ou guinée de Cromwel, frappée en 1656, avec sa tête & le titre de Protecteur de l'Angleterre, de l'Ecosse & de l'Irlande. Au revers sont les armes de ces différens états, avec celles du Protecteur en surtout, & la légende, *Pax quæ-*

ritur bello. Cette piece eſt très-rare, même en Angleterre; elle peſe 2 gros 28 grains.

16 Petite Médaille d'or de Dannemarck, peſant 16 grains. On y voit le buſte de la reine Louiſe, avec cette légende, *Louis.ia D.ei G.ratiâ Reg.ina Dan.iæ Nor.wegiæ V.andalorum G.othorumque*, & au revers un ſoleil rayonnant, avec cette deviſe, *l'Incomparable*, pour marquer les vertus éminentes de cette Princeſſe. Elle étoit fille de Georges II, Roi d'Angleterre, & de la Reine Caroline, née Princeſſe de Brandebourg Anſpach.

17. Piece d'argent du poids de 3 gros 32 grains. Elle eſt de la République ou des Communes d'Angleterre, ſans faire mention de Cromwel.

18 Médaille d'argent fort mince, frappée à l'occaſion de la réunion des Grecs & Arméniens à l'Egliſe Romaine en 1439, repréſentant le Pape Eugene IV aſſis entre deux écuſſons, l'un avec deux clefs en ſautoir, & l'autre aux armes de ſa famille; il donne la bénédiction de la droite & tient une clef de la gauche. Autour on lit cette légende : *Sub Eugenio Papa IIII, anno XPI. M. CCCC. XIL. uniti ſunt.* dont la ſuite ſe trouve au revers, *Græci Armenique in Synodo Florentinâ cum Sede aplicâ (apoſtolicâ).* Ce dernier mot ſe trouve ſur une banderole dans le champ, où l'on voit le Pape debout & deux eccléſiaſtiques à genoux, repréſentant les égliſes Grecque & Arménienne.

PLANCHE SECONDE

Nos 1 TIERS DE SOL D'OR pesant 22 grains, avec une tête informe de face, & la légende, *Cablonno.* Au ℟. est une croix entre les lettres C A dans une couronne, avec la légende, *Magnoaldus*, nom du monétaire.

2 Monnoie d'argent pesant 52 grains ; d'un côté on voit un lion passant entre trois fleurs de lis surmontées d'une couronne, avec la légende, *H. Rex Anglie Z, Heres Francie ;* ℟ la lettre *H* au milieu d'une croix fleurdelisée, avec la légende, *Sit nomen Domini benedictum.*

3 Autre tiers de sol d'or, avec même tête & même légende qu'à la premiere ci-dessus, & au revers le nom du monétaire *Alasius* Monetarius.

4 Piece d'argent du nombre de celles appelées *Bracteates* ; c'est une feuille estampée qui présente d'un côté, en relief, le même type qui se trouve de l'autre en creux ; on voit une M. entre trois points dans celle-ci qui pese quatre grains.

5 *Philippus Sextus, Francorum Rex* ; médaillon d'or de Philippe VI, Roi de France, où ce prince est représenté en buste, la couronne sur la tête ; au revers celui de la reine Blanche, fille de Philippe III, Roi de Navarre, qu'il avoit épousée en secondes nôces le 29 Janvier 1349, avec la légende, *Blanca P, Regis Navarræ filia.* Cette piece pese 6 gros 54 grains.

6

6 Médaille d'argent frappée à l'occasion de l'entrée de Marie-Thérèse, Reine de France, dans Paris le 26 Août 1660. Le buste de cette Princesse y est représenté d'un côté avec sa légende, *Mar. Ther. D. G. Fr. & Nav. Reg.* & de l'autre on la voit sur son char, le caducée à la main, entourée de ses gardes, avec la légende, *Augustæ paciferæ Lutetiam felix ingressus*, & le millésime à l'exergue.

7 Monnoie de Billon pesant 16 grains, avec la lettre B entre quatre points dans le champ & la légende, *Andusiensis*. Au revers est celle de *Salviensis*, avec une croix dans le milieu.

8 Piece de cuivre d'une fabrique singuliere & barbare, pesant un gros; d'un côté deux Rois assis, la couronne en tête, tiennent chacun un sceptre de la main droite, & de la gauche un globe surmonté d'une croix. Entr'eux s'éleve une autre croix double; la légende en caracteres mal formés porte, *Rex bela; Rex ses;* & celle du revers, *Sanct. Maria*, avec la figure de la Vierge assise entre deux petites croix; elle tient une fleur à la main droite.

9 Les neuf pieces suivantes sont d'argent: elles appartiennent à l'Empire & au Corps Germanique; on voit dans celle-ci l'Empereur à cheval, avec un sceptre à la main, & la légende, *L: I: VI: Romano:* au revers un bras, sortant d'un nuage, semble présenter une couronne impériale avec la légende, *Coronis adde coronas.* Le poids est de 36 grains.

10 *Josephus Rex Hunga. Rom.* Le Roi à cheval, le bâton de Commandement à la main, paroît courir à la victoire. Au ℞. une épée nue entrelacée dans deux branches de laurier, avec la légende, *Amore & timore.* Poids 40 grains.

11 *Elector Mogunti;* l'Electeur de Mayence à cheval, le bâton électoral à la main. Au ℞. *Sit primo secundus*, une roue sous un nuage. Poids 40 grains.

12 *Elector Trevirensis;* l'Electeur de Trèves à cheval, comme le précédent. Au ℞. *Utrisque fumigat*, un encensoir d'où s'éleve la fumée des parfums, à côté d'un canon sur son affut. De sa bouche sort une fumée épaisse. Le poids de cette piece est de 42 grains.

13 *Elect. Col.* L'Electeur de Cologne à cheval. ℞. *In hoc signo vincam.* Deux épées nues en sautoir, appuyées sur une croix. Poids 38 grains.

14 *Elector Bavariæ;* l'Electeur de Baviere à cheval. ℞. *Terret & terit.* La foudre sort d'un nuage & frappe un esclave assis sur ses armes. Poids 36 grains.

15 *Elector Palatinatus;* l'Electeur Palatin à cheval. ℞. *Uno è semine*, un arbre chargé de feuilles & de fruits. Poids 41 grains.

16 *Elector Saxonie;* l'Electeur de Saxe à cheval. ℞. *Sic Saxo triumphat*, la tête de Goliath au-dessous d'un nuage. Poids 42 grains.

17 *Elector Brandeburg.* L'Electeur de Brandebourg à cheval. ℞. *Non flectitur*, une colonne d'ordre corinthien, posée sur un piedestal entre deux vents, dont l'un s'efforce de renverser la colonne par son souffle, tandis que l'autre attaque le piedestal. Poids 44 grains.

PLANCHE TROISIEME.

Nos

1 *Otto* dans le champ, avec la légende *Imperator* au contour. ℞. *Papia* également dans le champ, & pour légende, *Augustus*, monnoie d'argent pesant 22 grains.

2 *Carolus decimus, Francorum Rex;* Médaillon d'argent pesant une once 5 gros 40 grains, où l'on voit la tête du Cardinal de Bourbon proclamé Roi de France par le parti des ligueurs après la mort de Henri III. Dans le champ du revers est une couronne avec la légende, *Avita & jus in armis.*

3 Baldoin; Buste d'un évêque en habits pontificaux & la couronne en tête; il donne la bénédiction de la main droite, & tient sa crosse dans la gauche. Deux clefs occupent le champ du revers, avec la légende *Trever.* Cette petite piece est d'argent, & pese 11 grains.

4 Monnoie de Billon avec une croix dans le champ & la légende, *Radulphus Doi.* Au revers est une étoile à cinq rayons, avec la légende, *Dux milice.* Poids 24 grains.

5 Autre Tête de Charles X, avec la légende, *Carolus X. D. G. Francorum Rex*, 1590. Au revers, sur une table sont rangées une crosse, une mitre, un calice surmonté d'une hostie, & la couronne royale posée sur un coussin avec le sceptre & la main de justice en sautoir. La légende, *Regale Sacerdotium*, qu'on lit autour, est analogue au type de ce petit médaillon. Il est d'argent, & pese 5 gros 58 grains.

6 Même Tête & même légende que la précédente. Une croix fleurdelisée occupe le champ du revers, avec la légende, *Sit nomen Domini benedictum*. Cette monnoie d'argent pese 3 gros 52 grains.

7 *Cnut Rex A*. Buste d'un Roi avec son sceptre ; sa tête est couverte d'une espece de tiare. Au revers est une croix appuyée sur cinq anneaux, avec la légende, *Erperdoniunde*. Cette piece d'argent pese 21 grains.

8 Monnoie de Billon pesant 17 grains. D'un côté on trouve pour légende, *Amedeus*, & dans le champ les quatre premieres lettres du même mot se trouvent partagées par une grande croix. La légende de l'autre côté porte, *Comes Sabaudiæ*, avec une fleur épanouie dans le champ.

9 *F. Dux Lotorigie*. Petite monnoie d'argent pesant 18 grains. Le Duc de Lorraine à cheval, armé de toutes pieces & la lance en arrêt d'un côté ; & au revers, *Moneta de Nancei*, une épée entre deux alérions.

10 *Karolus Dn̄s de Jaucourt*, *Locutenēs genalis Parisi* ; Piece d'argent pesant 70 grains ; un écusson en losange, chargé de deux poissons entourés de queues d'hermine, en occupe le champ ; au revers sont les armes de France avec la légende, *Regnāte Dn̄o n̄ro Ludovico XI*, *anno Dn̄i M. CCCC. LXXII.*

Dans les grands Officiers de la Couronne, Tome VIII, pag. 371, on trouve un jeton de Charles de Jaucourt, représentant également un écu en losange, semé d'hermines à deux barres adossées, & au revers les armes de France avec une couronne fleuronnée & les mêmes légendes des deux côtés.

11 Tiers de sol d'or qu'on est dans l'usage de ranger au nombre des monétaires de la premiere race des Rois de France. Tête informe entre une petite croix devant & trois points derriere. Une croix occupe le champ du revers, avec la légende, *Leudelinus mo*, nom du monétaire.

12 *Ludovicus Dux Aurelianesi.* Tête de ce Prince, avec une fleur de lys au-dessus. ℟. Z. *Mediolani ac. Ast. Dns.* Un écusson entre deux fleurs de lys se trouve partagé en quatre, dont deux quartiers sont chargés des armes d'Orléans, & les deux autres d'une couleuvre qui s'éleve à plusieurs replis; cette piece est d'argent & pese 2 gros 30 grains.

13 Henr. de Loren. *Dux Reip. Neap.* On voit dans le champ l'Inscription *S. P. Q. N.* au milieu d'un écusson couronné. Au revers le buste de Saint Janvier s'éleve sur un nuage; il paroît la mitre en tête & revêtu de ses habits pontificaux, tenant sa crosse de la main gauche & donnant la bénédiction de la droite, avec la légende, *S. J. rege & protege nos*, 1648. Cette médaille d'argent pese 1 gros 35 grains.

14 Monnoie obsidionale de forme octogone, frappée en 1641, à l'occasion des deux siéges que la ville d'Aire soutint dans la même année. *Voyez* le Recueil des monnoies obsidionales, Planche XIII, n°. 1.

15 Autre Monnoie obsidionale d'or pesant 64 grains; elle fut frappée en 1543 pour le siége de Nice. La légende d'un côté porte, *Krolus secundus*, *Dux Sabaudi*, avec l'écusson de ce Prince dans le champ. De l'autre on lit dans le champ cette Inscription, *Nic. a. Turc & Gal. obs.* 1543.

PLANCHE QUATRIEME.

Nos 1 TÊTE de Guſtave Adolphe, Roi de Suede, couronnée de laurier : petite Médaille d'argent de forme ovale, ſans légende, peſant 42 grains. Un Monogramme compoſé des quatre lettres G. A. R. S. ſurmonté d'une couronne entre deux palmes, forme la légende du revers ; & l'on voit au-deſſous un nœud de ruban dans lequel ſont entrelacés un ſceptre & une épée.

2 . *Henricus . IIII . Francorum . & . Navarræ . Rex :* 1594 . Buſte de Henri IV couronné de laurier, & au revers, : *Reget virtutibus orbem* . Sur un globe chargé d'un gouvernail, s'éleve une victoire tenant une palme de la main gauche & une couronne de la main droite, entre une maſſue & un caducée : on remarque deux petites fleurs à l'exergue de ce médaillon d'argent, qui peſe 2 onces 5 gros 36 grains.

3 . *Alberti* . Ɔ . *B* . Tête caſquée d'Albert de Baviere, ℟. *Baioaria.* Une victoire debout ſoutient une eſpece de bouclier qu'elle poſe ſur un piédeſtal. Cette petite médaille d'argent peſe un gros.

4 Médaille de l'Ordre de la Mouche à miel, inſtitué à Sceaux le 11 Juin 1703 par madame la Ducheſſe du Maine, dont on voit la tête avec la légende en lettres initiales : Anne-Marie-Louiſe Baronne de Sceaux, Dictatrice perpétuelle de l'Ordre de la mouche. Dans le champ du revers une abeille paroît voler vers une ruche, avec la deviſe : *Piccola ſi, ſà mà*

pùr gravi le ferite. (Je ſuis petite, il eſt vrai, mais je fais de profondes bleſſures.) On reconnoît à la formule du ſerment que les Chevaliers de cet Ordre prononçoient à leur réception, l'enjouement, la gaieté & le ſel qui régnoient dans la Cour de cette aimable Princeſſe. « Je jure par les abeilles du mont » Himette, fidélité & obéiſſance à la Dictatrice perpétuelle de » l'Ordre, de porter toute ma vie la médaille de la mouche, » & d'accomplir, tant que je vivrai, les ſtatuts de l'Ordre; & » ſi je fauſſe mon ſerment, je conſens que le miel ſe change » pour moi en fiel, la cire en ſuif, les fleurs en orties, & » que les guêpes & les frelons me percent de leurs aiguillons. » Cette médaille frappée en 1703 eſt d'or, & peſe 3 gros 60 grains.

5 *Ludovicus XV, orbis Imperator*, 1758. Tête de Louis XV, ceinte d'un diadême. On lit au revers, en forme de légende, *Weſel*, *Oſwego*, *Port-Mahon*, & à l'exergue : *Expug. S[ti]. Davidis arce & ſolo æquata.* Le champ eſt chargé de quatre forts, par leſquels M. de Lally, Commandant général des troupes de France dans l'Inde, a voulu déſigner les quatre parties du monde, l'Europe par Weſel, l'Amérique par Oſwego, l'Afrique par Port-Mahon, & l'Aſie par le fort Saint-David. Ce fut après la priſe de ce dernier, dont il raſa les fortifications, qu'il fit frapper cette piece, pour juſtifier le titre d'*orbis Imperator* qu'il donnoit au Roi. Elle eſt en or & peſe 3 gros 42 grains. Il y en a auſſi en argent.

6 *Mon. arg. Cur. et Se* : Tête nue du Duc de Curlande & de Sémigalle. ℟. III gros ; *Ar. tr. Ducum Cu et Se*, 600. Une aigle, les aîles déployées, fuit devant un cavalier qui la pourſuit vivement le ſabre à la main ; ſept petits fleurons ſont

ſemés dans le champ de cette monnoie, qui eſt d'argent & peſe 40 grains.

7 *En Mars Saxonicus.* Jean Georges III, Electeur de Saxe, paroît dans cette petite Médaille ſous la figure de Mars, la tête couverte d'un caſque ſurmonté d'un panache. La légende du revers, *Hic fauſtè prim*ˢ. *in hoſtes irruit*, & l'Inſcription gravée dans le champ : 1683. *D.* $\frac{12}{2}$ *Sept. Vienna confœd. manu à Turcis liberata*, nous apprennent que cette piece a été frappée à l'occaſion de la levée du ſiége de Vienne formé par Kara Muſtapha à la tête de deux cent mille Turcs. Jean Sobieski, Roi de Pologne, ſuivi de pluſieurs Princes Chrétiens, accourut au ſecours de la capitale de l'Empire, & avec cinquante mille hommes mit en fuite cette nombreuſe armée : le Duc de Lorraine s'y diſtingua particulierement ; & par la piece que nous produiſons, on voit que c'eſt à l'Electeur de Saxe que le front de l'attaque avoit été confié. Elle eſt d'argent & peſe 1 gros 18 grains. *Voyez* l'article Vienne des Monnoies Obſidionales, page 113.

8 La lettre A. qui ſe trouve dans le champ de cette monnoie, entre trois étoiles, doit ſe lier avec la légende : *Imus : Comes : Sabaudiæ :* pour donner le nom d'Aymon, Comte de Savoye, qui en 1329 ſuccéda à Edouard ſon frere, fils d'Amédée V. La légende du revers, *Marchio in Italiā*, fait connoître les droits qu'il avoit acquis en Italie par ſon mariage avec Yolande, fille de Théodore I, Marquis de Montferrat. Le champ de ce revers ſemé de points, eſt traverſé par une grande croix. Cette petite monnoie eſt d'argent & peſe 36 grains.

9 *Carolus XII, Dei gratiâ Rex Sueciæ.* Buſte de Charles XII, Roi de Suede, en cuiraſſe & tête nue : au revers, *virtuti claræ*,

claræ; æternæque aug., & à l'exergue, *anno 1718 exercente.* Une massue dans le milieu d'une colonne formée d'étoiles brillantes. Cette médaille paroît être un dernier hommage rendu à la valeur & à la mémoire de Charles XII tué au siége de Fridericshall le 11 Décembre 1718. Elle est d'argent & pese 3 gros 54 grains.

10 *Anna, Dei g. mag. Bri. Fr. & Hib. Reg.* Buste de la Reine Anne couronné de lauriers. ℞. *Compositis venerantur armis;* & à l'exergue 1713, époque de la paix d'Utrecht. La Reine, sous la figure de Minerve, tient sa haste couverte de son bouclier au bras gauche, & présente de la main droite une branche d'olivier. Le champ partagé en deux, laisse voir d'un côté la mer couverte de vaisseaux, & de l'autre la terre cultivée & ensemencée par des laboureurs, pour marquer la protection particuliere que cette princesse accordoit au commerce & à l'agriculture. Cette médaille d'argent pese 4 gros 24 grains.

Fin des Récréations numismatiques.

APPROBATION DE M. BEJOT,

Garde de la Bibliothèque du Roi, de l'Académie royale des Inſcriptions & Belles-Lettres, Profeſſeur d'Eloquence latine au Collége royal, & Cenſeur royal.

J'AI lu par ordre de Monſeigneur le Garde des ſceaux, un manuſcrit intitulé : *Pieces obſidionales & de néceſſité, recueillies & gravées dans l'ordre chronologique, avec l'explication des Faits hiſtoriques qui ont donné lieu à leur fabrication ; à la ſuite deſquelles ſe trouvent pluſieurs Pieces curieuſes & intéreſſantes, ſous le titre de Récréations numiſmatiques.* Cet ouvrage plus complet que ce qui a déjà été publié en ce genre, m'a paru devoir être très-utile ; & il y a lieu de croire qu'il ſera favorablement accueilli du Public ; d'ailleurs je n'y ai rien trouvé qui puiſſe en empêcher l'impreſſion. Fait à Paris le 10 Décembre 1785. BEJOT.

PRIVILÉGE DU ROI.

LOUIS, par la grace de Dieu, Roi de France & de Navarre, à nos amés & féaux Conſeillers, les Gens tenant nos Cours de Parlement, Maîtres des Requêtes ordinaires de notre Hôtel, Grand-Conſeil, Prévôt de Paris, Baillis, Sénéchaux, leurs Lieutenans Civils, & autres nos Juſticiers qu'il appartiendra : SALUT. Notre amée la dame veuve DUBY, & les ſieurs & demoiſelle DUBY, ſes enfans, Nous ont fait expoſer qu'ils déſireroient faire imprimer & donner au Public des Ouvrages intitulés : *Pieces obſidionales & de néceſſité, recueillies & gravées dans l'ordre chronologique, avec l'explication des faits hiſtoriques qui ont donné lieu à leur fabrication ; à la ſuite deſquelles ſe trouvent pluſieurs Pieces curieuſes & intéreſſantes, ſous le titre de Récréations numiſmatiques ; Recueil des monnoies des Barons, Prélats, &c. Recueil des monnoies des Rois de France, &c., par feu M. Tobieſen Duby, Capitaine de l'Hôtel royal des Invalides, ancien Interprète de la Bibliothèque du Roi*, s'il Nous plaiſoit leur accorder nos lettres de Privilége pour ce néceſſaires. A CES CAUSES, voulant favorablement traiter les expoſans, Nous leur avons permis & permettons par ces Préſentes de faire imprimer leſdits Ouvrages autant de fois que bon leur ſemblera, & de les vendre, faire vendre & débiter par tout notre Royaume ; Voulons qu'ils jouiſſent de l'effet du préſent Privilége, pour eux & leurs hoirs à perpétuité, pourvu qu'ils ne le rétrocèdent à perſonne ; & ſi cependant ils jugeoient à propos d'en faire une ceſſion, l'acte qui la contiendra ſera enregiſtré en la Chambre Syndicale de Paris, à peine de nullité tant du Privilége que de la ceſſion ; & alors, par le fait ſeul de la ceſſion enregiſtrée, la durée du préſent Privilége ſera réduite à celle de la vie des Expoſans, ou à celle de dix années, à compter de ce jour, ſi les Expoſans décedent avant l'expiration deſdites dix années, le tout conformément aux articles IV & V de l'arrêt du Conſeil du 30 Août 1777, portant réglement ſur la durée des Priviléges en librairie. FAISONS défenſes à tous Imprimeurs,

Libraires, & autres personnes, de quelque qualité & condition qu'elles soient, d'en introduire d'impression étrangere dans aucun lieu de notre obéissance; comme aussi d'imprimer ou faire imprimer, vendre, faire vendre, débiter ni contrefaire lesdits Ouvrages, sous quelque prétexte que ce puisse être, sans la permission expresse & par écrit desdits Exposans, ou de celui qui les représentera, à peine de confiscation des exemplaires contrefaits, de six mille livres d'amende qui ne pourra être modérée pour la premiere fois, de pareille amende & de déchéance d'état, en cas de récidive, & de tous dépens, dommages & intérêts, conformément à l'arrêt du Conseil du 30 Août 1777, concernant les contrefaçons : A LA CHARGE que ces présentes seront enregistrées tout au long sur le registre de la Communauté des Imprimeurs & Libraires de Paris, dans trois mois de la date d'icelles; que l'impression desdits Ouvrages sera faite dans notre Royaume, & non ailleurs, en beau papier & beaux caracteres, conformément aux Réglemens de la Librairie, à peine de déchéance du présent Privilége; qu'avant de l'exposer en vente, le manuscrit qui aura servi de copie à l'impression desdits Ouvrages, sera remis, dans le même état où l'approbation y aura été donnée, ès mains de notre très-cher & féal Chevalier, Garde des Sceaux de France, le sieur HUE DE MIROMESNIL, Commandeur de nos Ordres, & qu'il en sera ensuite remis deux Exemplaires dans notre Bibliotheque publique, un dans celle de notre Château du Louvre, un dans celle de notre très-cher & féal Chevalier, Chancelier de France, le sieur DE MAUPEOU, & un dans celle dudit sieur HUE DE MIROMESNIL, le tout à peine de nullité des Présentes: DU CONTENU desquelles vous mandons & enjoignons de faire jouir lesdits Exposans & leurs hoirs pleinement & paisiblement, sans souffrir qu'il leur soit fait aucun trouble ou empêchement. VOULONS que la copie des Présentes, qui sera imprimée tout au long au commencement ou à la fin desdits Ouvrages, soit tenue pour dûment signifiée, & qu'aux copies collationnées par l'un de nos amés & féaux Conseillers & Secrétaires foi soit ajoutée comme à l'original. COMMANDONS au premier notre Huissier ou Sergent sur ce requis, de faire, pour l'exécution d'icelles, tous actes requis & nécessaires, sans demander autre permission, & nonobstant clameur de haro, charte normande & lettres à ce contraires : Car tel est notre plaisir. Donné à Paris le septieme jour du mois de Décembre, l'an de grace mil sept cent quatre-vingt-cinq, & de notre regne le douzieme. Par le Roi en son Conseil.

LE BEGUE.

Registré sur le Registre XXII de la Chambre Royale & Syndicale des Libraires & Imprimeurs de Paris, n°. 293, fol. 448, conformément aux dispositions énoncées dans le présent Privilége, & à la charge de remettre à ladite Chambre les neuf Exemplaires prescrits par l'arrêt du Conseil du 16 Avril 1785. A Paris, le 9 Décembre 1785. LE CLERC, Syndic.

De l'Imprimerie de D'HOURY, Imprimeur-Libraire de Mgr. le Duc D'ORLÉANS, 1786.

PIÈCES OBSIDIONALES

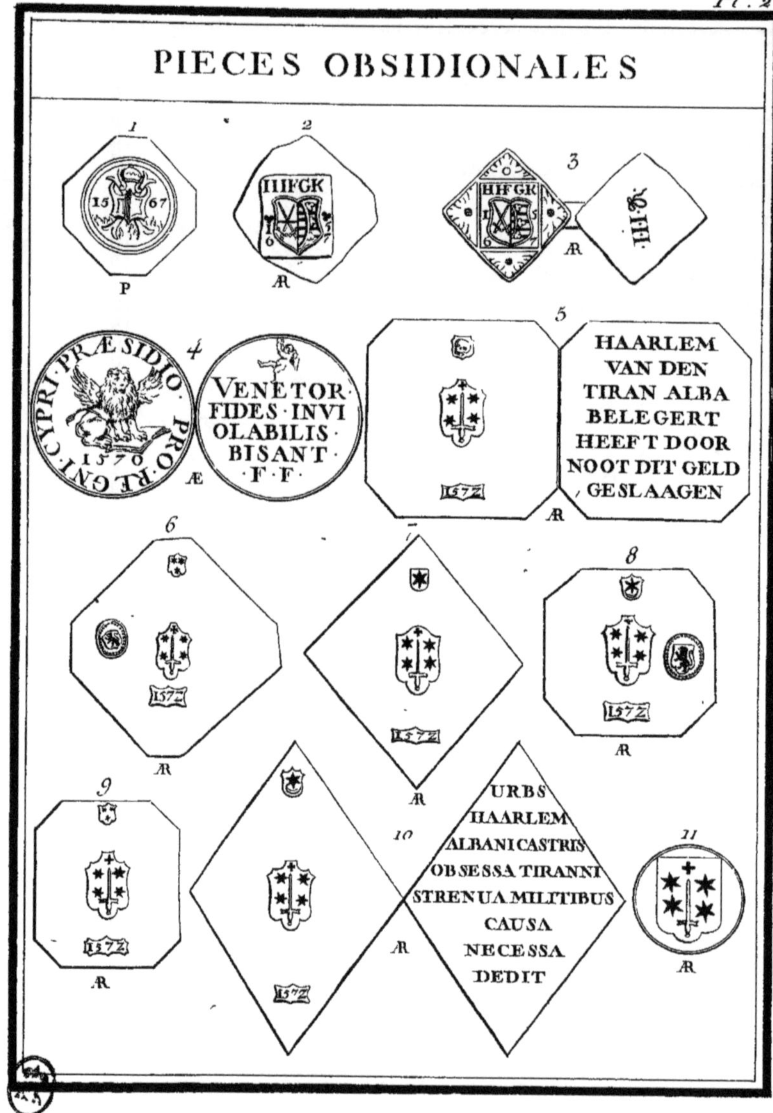
PIECES OBSIDIONALES
1
15 67
P
2
IIIFGK
AR
3
HIFGK
H.H.
AR
4
PRÆSIDIO PRO REGNI CYPRI
1570
Æ
VENETOR FIDES INVIOLABILIS BISANT F F
5
1572
HAARLEM
VAN DEN
TIRAN ALBA
BELEGERT
HEEFT DOOR
NOOT DIT GELD
GESLAAGEN
AR
6
1572
AR
7
1572
AR
8
1572
AR
9
1572
AR
10
1572
AR
URBS
HAARLEM
ALBANI CASTRIS
OBSESSA TIRANNI
STRENUA MILITIBUS
CAUSA
NECESSA
DEDIT
11
AR

PIECES OBSIDIONALES

1 D.R.P. F. MIDD 1.5.7.Z. AR

2 D.R.P. F. MIDD 1.5.7.Z. AR

3 ALCMAR SIGILLVM DE E

4 7 3 E

5 A 15 73 VI A 1573 E

6 I S E

7 15 73 AR

8 1573 AR

9 15 73 AR

10 1573 AR VINCIT VIM VIRTVS

11 NIET BEDWONGHEN DES CONINCKS MACHT ... AR HAER DOOR DEN HONGER ...

12 DRPF MIDDELB 1573 AR

13 DEO REGI·PA TRIÆ·FIDEL MIDDELB 1573 PP

14 DEO REGI·PA TRIÆ·FIDEL MIDDELB 1573 N Doen ic was ghesleghen Was Middelburc beleghen so, dat het Volc al van hongher's Weghen peerden honden katten deur noot atte ratten ende katte Wasselen voor broot.

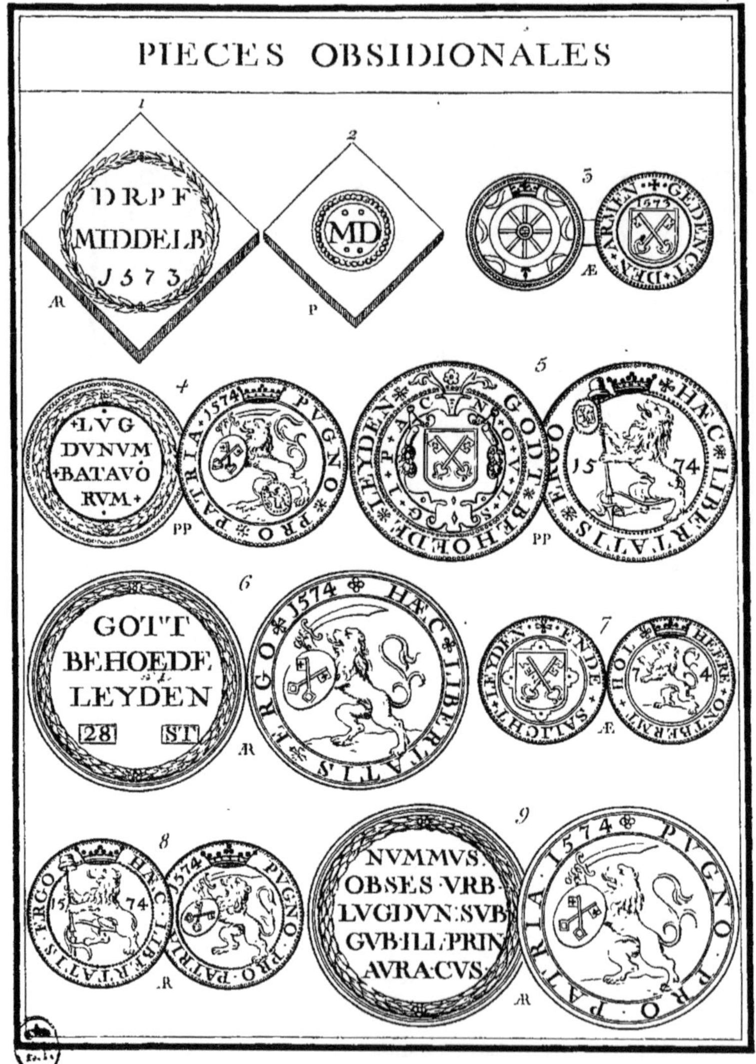
PIECES OBSIDIONALES
1
DRPF
MIDDELB
1573
2
MD
3
GEDENCT DEN ARMEN
4
LVG DVNVM BATAVO RVM
1574 PVGNO PRO PATRIA
5
GODT BEHOEDE LEYDEN
HÆC LIBERTATIS ERGO
15 74
6
GOTT BEHOEDE LEYDEN
28 ST
1574 HÆC LIBERTATIS ERGO
7
LEYDEN ENDE SALICHT
HEERE ONTBERMT HOL
8
HÆC LIBERTATIS ERGO
15 74
1574 PVGNO PRO PATRIA
9
NVMMVS OBSES VRB LVGDVN SVB GVB ILL PRIN AVRA CVS
1574 PVGNO PRO PATRIA

PIECES OBSIDIONALES
GODT MET ZO ONS 1575
FOCIS PRO ARIS ET
WOERDEN
XII S 1575
REGIÆ MA^TE RECON CILIATA·ZI RIZEA·Z^A IVLY·A^O ·1576·

PIECES OBSIDIONALES
1
REGIÆ MA. RECONCILIATA ZIRIZEA 2 IVLY Aº 1576
1576
Æ
2
1577 IN DER B. X. LOON
P
3
1577 IN DER B. X. LOON
Æ
4
1577 NECESSITATIS ERGO
BRE DÆ
P
5
1577 IN NECESSITATE
BRE DÆ
Æ
6
1577 NECESSITATIS ERGO
BRE DÆ
Æ
7
1577 NECESSITATE FEB
Æ
8
GEDANENSIS MONETA NOVA CIVITATIS
1577
SALVATOR DEFENDE NOS CHRISTE
Æ
9
Æ
10
1578
XX
Æ
11
1578
10
Æ
12
1578
XL
Æ

PIECES OBSIDIONALES

1 — 1578 · XL — P AR·ET FO — Æ

2 — V S 15 78 — Æ

3 — X S 15 78 — Æ

4 — X X 15 78 — P AR·ET FO — Æ

5 — EXTREMVM SVBSIDIVM ZI ST CAMPEN 1578 — Æ

6 — EXTREMVM SVBSIDIVM XJ ST CAMPEN 1578 — Æ

7 — EXTREMVM SVBSIDIVM 4Z ST CAMPEN 1578 — Æ

8 — DAVE 9 IVN 78 VRGEN NEC SS — Æ

9 — DAVEN 9 IVN 78 VRGEN NECESS — Æ

10 — DAVEN 30 OC 78 VRGEN NECESS — IIII S — Æ

Pl. 8.

PIECES OBSIDIONALES
1
2
3
4
5
6
7
8
9
TRA IEC
AB·HIS OBSES
PRO·IVS CAVSÆ
DEFE SIONE
XXXX
PROTEGE
DNE·POPVLV
TVVM PROP
NOMI TVI
GLORIAM
XXIIII
TRAIEC
TO·AB·HIS
PANIS·OB
SESSO
II
PHILIPPVS D. G. REX HISP.

PIECES OBSIDIONALES
1
CB
15
81
Æ
2
X
P
Æ
3
5 OCT TORNACO OBSESSO
15 81
AR
4
Æ
5
Æ
6
NOSTRA DEUS SPES 1582
Æ
7
1582
Æ
8
B 83
AR
9
XX S
83
NECESSITAS QUID NON COGIT
P
10
X S
83
NIL RESTAT RELIQUI
P
11
·8·4·
·D·O·M·
·BRUXEL·
·LA · CON
FIRMATA·
AR
12
·8·4·
·D·O·M·
·BRUXEL·
LA·CONFIR
MATA
N

Pl. 10.

PIECES OBSIDIONALES
1
20
·86·
F H
C
E
2
D·O·M·
OBSID·LIB
·BERGEN̄·
AN°. 1588
·13·NO
N
3
G
15 91
Æ
4
15 92
80
Æ
5
HENRICO PROTECTORI
XX
9
P
Æ
6
HENRICO PROTECTORE
XX
9 5
P
Æ
7
HENRICO·PROTECTORI
V
P
Æ
8
HENRICO PROTECTORE
V
P
Æ
9
HENRICO PROTECTORE
II
P
Æ
10
MONE·NOVA·FACTA·BOEME
OPVS·DVRÆ·NECESSITATIS
Æ
11
BOEME·MONETA·NOVA·FACTA
OPVS DVRÆ NECESSITATIS
Æ
12
II
V
I R
1610
Æ

PIECES OBSIDIONALES

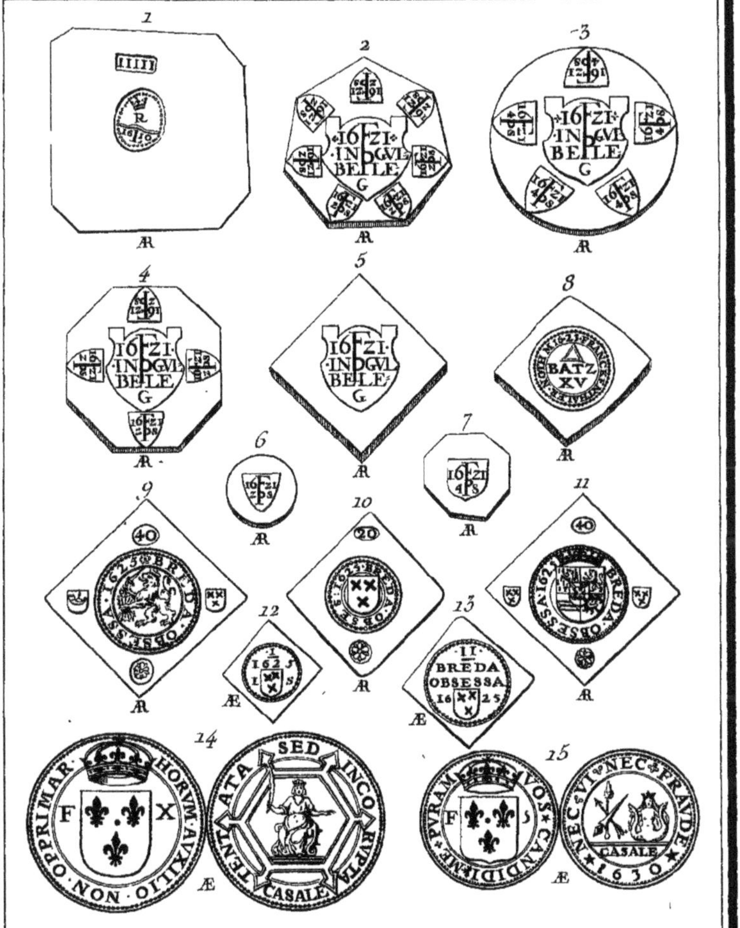

1 Æ — 2 Æ — 3 Æ

4 Æ — 5 Æ — 8 Æ

6 Æ — 7 Æ

9 Æ — 10 Æ — 11 Æ

12 Æ — 13 Æ

14 Æ — 15 Æ

PIECES OBSIDIONALES

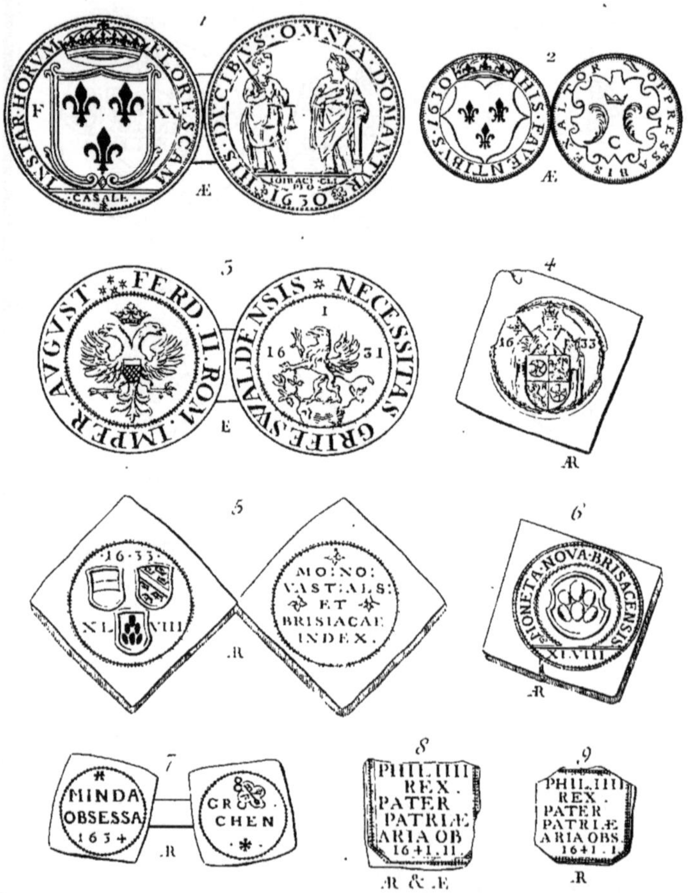

1 Æ

2 Æ

3 Æ

4 AR

5 AR

6 AR

7 AR

8 AR & Æ

9 AR

PIECES OBSIDIONALES

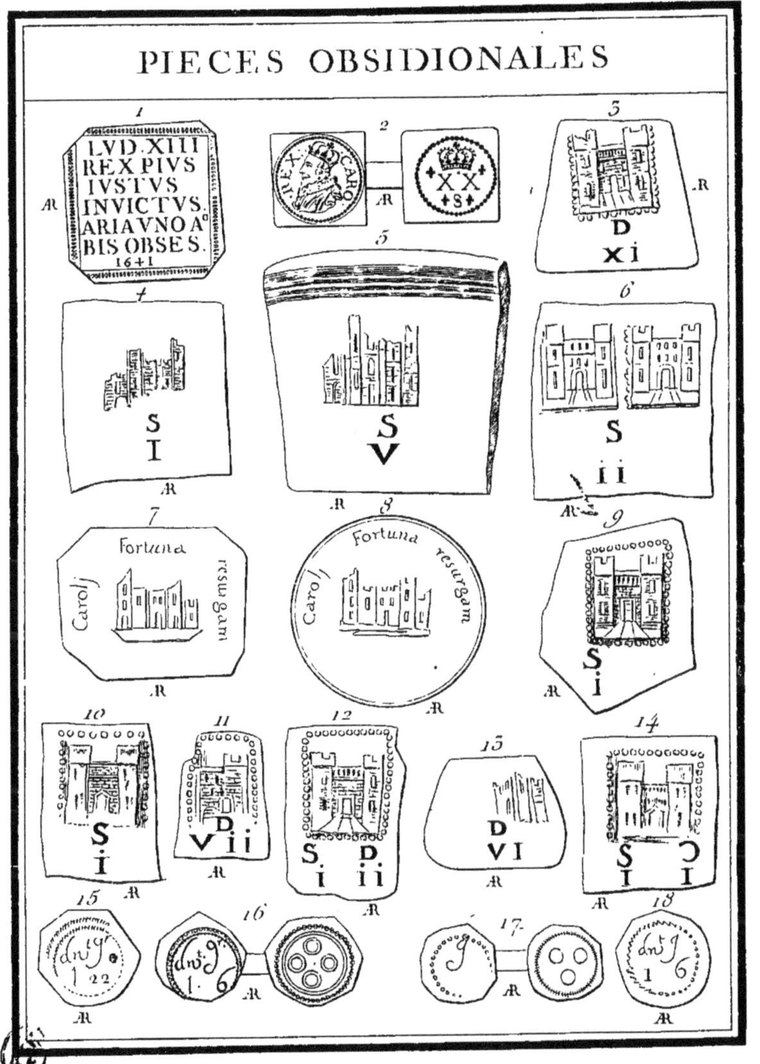

PIECES OBSIDIONALES
1
2
3
4
S
II
S
I VI
D
IV
5
6
7
8
9:16
2.20
19.8
9
10
C R
S
V
11
12
13
C·R
S D
IIVI
D
XII
14
15
16
17
18
D
IIII
D
II
D
I
D
III
D
VI

PIECES OBSIDIONALES

1
S V
Æ

2
S D
II VI
Æ

3
C R
XII
·OBS·
·CARL·
·1645·
Æ

4
C R
III S
OB S CARL
·1645·
Æ

5
OB S CARL
1645·
Æ

6
OBS
Scarborough
1645
S D
II VI
Æ

7
C R
XII
OBS:
NEWARK
1645
Æ

8
C R
XXX
OBS:
NEWARK
1646
Æ

9
C R
IX
OBS:
Æ

10
C R
VI
Æ

11
VI
WC
ANNO
BRASIL
1646
N

12
CORK
1647
VI
Æ

PIECES OBSIDIONALES

PIECES OBSIDIONALES
1
Door vyands maght
en paaps geweldt
Verkeert ons glans
in vierkandt geldt.
Aº 1672
2
Aº J672
3
4
CAMPEN
NE:
CESSITAS
ALTERA.
J672.
5
MEMOR AVITÆ VIRTUTIS
J673
GODT BEHOEDE LEYDEN
6
WIENN
BELAGERTE
DER TURK 1683
ENTSEZT
MIT VERLUST
ALL SEINER
STUCK.
7
CORK
Æ
8
LANDAU
1702
9
2 LIVRE. 2 S
LANDAU 1702

PIECES OBSIDIONALES

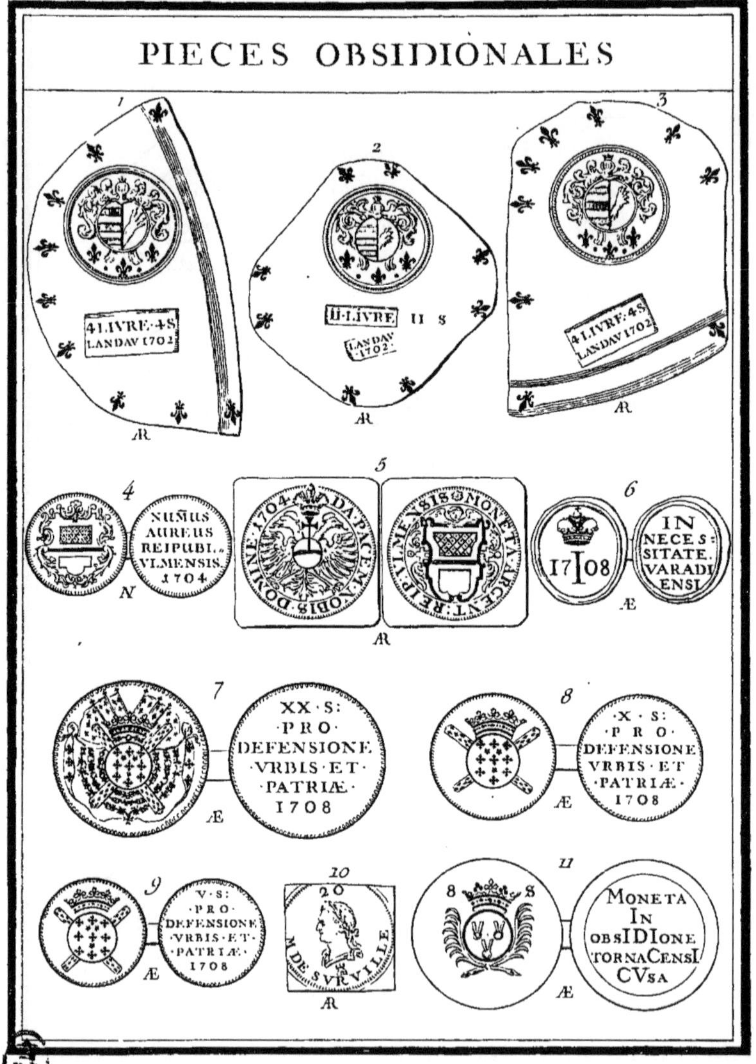

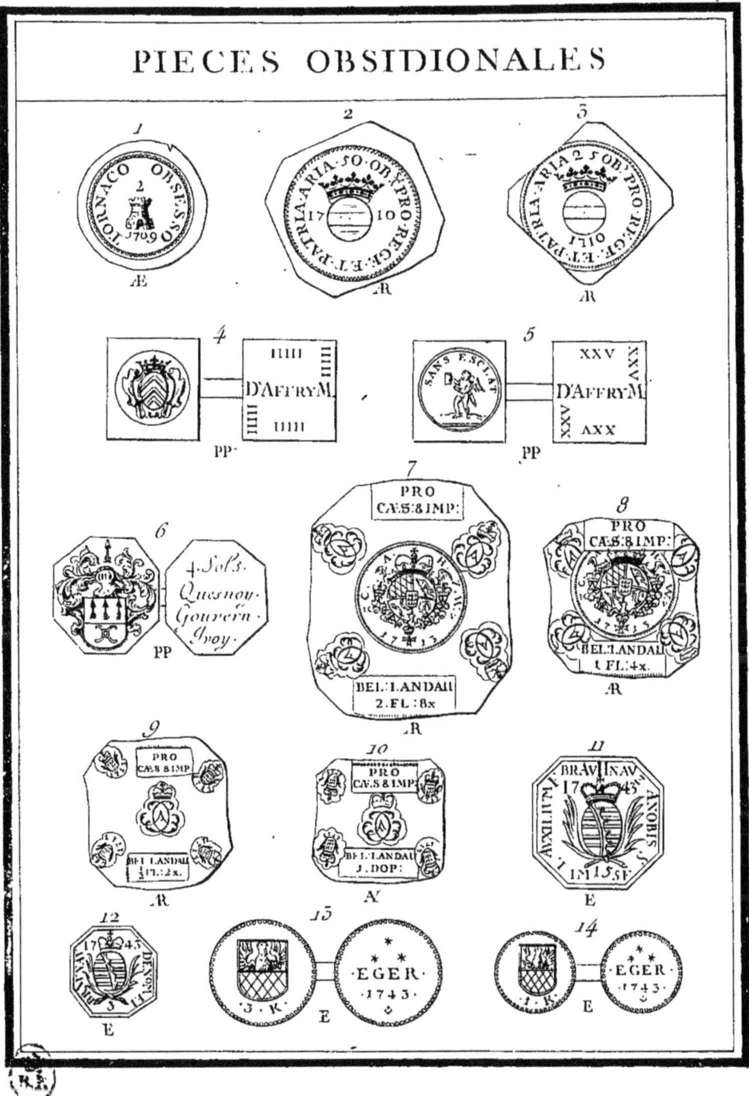
PIECES OBSIDIONALES
TORNACO OBSESSO 2 1709
PATRIA ARIA 50 OB PRO REGE ET 17 10
PATRIA ARIA 25 OB PRO REGE ET 1710
D'AFFRY M IIII
SANS ESCLAT
D'AFFRY M XXV
4 Sols Quesnoy Gouvern Groy
PRO CÆS: & IMP:
BEL: LANDAU 2. FL: 8x
BEL: LANDAU 1 FL: 4x.
BEL: LANDAU ½ FL: 2x.
BEL: LANDAU 1. DOP:
BRAV INAV 1743 ANOBIS 15 SF
1743 DEN 3
EGER 1743
3 K
1 K

PIECES OBSIDIONALES

1 Æ

2 Æ

3 AR

4 Æ

5 Æ

6 AR

7 AR

8 Æ

PIECES OBSIDIONALES

1

15 Z9

AV

2

NOR·REGIS MO CHRISTERNI DAN·SVE

3 5

IMMERITI CAPCERIS·APVD·HOLSATA

B

3

SABAVDI KROLVS SECVNDVS DVX

NIC·A·TVRC ET·GAL·OBS 1543

AV

4

4 3

AR

5

P·L

Z 8

AR

6

MHIS

AR

7

AV

8

MHZS 15 47

HER HANS FRID·BE LEGERT·LE IPZIG·MEN S·IAN·AN MDXLVII

AR

9

MHZS 15 47

AR

PIECES OBSIDIONALES
1
H·IF·K
15 47
2
H·IF·K
15 47
3
H·IF·K
15 47
4
MAGDE:
15 51
5
A·M·Z·B
15 52
6
A·M·Z·B
15 53
7
8
GM✠ZL
15 59
9
HERACLIDIS·DESPOTÆ·PATRIS·PATRIÆ
15 62
VINDEX·ET·DEFENSOR·LIBERTATIS·PATRIÆ
10
16 E·R OR
15 64
11
II
SRILLI
64

PIECES OBSIDIONALES

PIECES OBSIDIONALES

1 AV

2 AR

3 AR

4 AV

5 AR

6 Æ

7 Æ

8 Æ

9 AR

PIECES OBSIDIONALES
1
MONETA·NOVA·ARGENTEA
1689 GLORIA·IN·EXCELSIS·DEO
2/3
ÆR
2
16 89
GLORIA·IN·EXCELSIS·DEO
2/3
ÆR
3
IACOBVS·II·DEI·GRATIA
1689 MAG·BR·FRA·ET·HIB·REX
XXX
J R
July
Æ
4
IACOBVS·II·DEI·GRATIA
1689 MAG·BR·FRA·ET·HIB·REX
XII
J R
Feb
Æ
5
IACOBVS·II·DEI·GRATIA
1689 MAG·BR·FRA·ET·HIB·REX
VI
J R
June
Æ
6
IAC·II·DEI·GRA·MAG·BRI·FRA·ET·HIB·REX
CHRISTO·VICTORE·TRIVMPHO
ANO DOM
16 90
Æ
7
IACOBVS·II·DEI·GRATIA
HIBERNIA 1691
Æ
8
IACOBVS·II·D·G·MAG·BRI·FRAN·ET·HIB·REX
HISPAN·VAL·2·MART·REAL
P

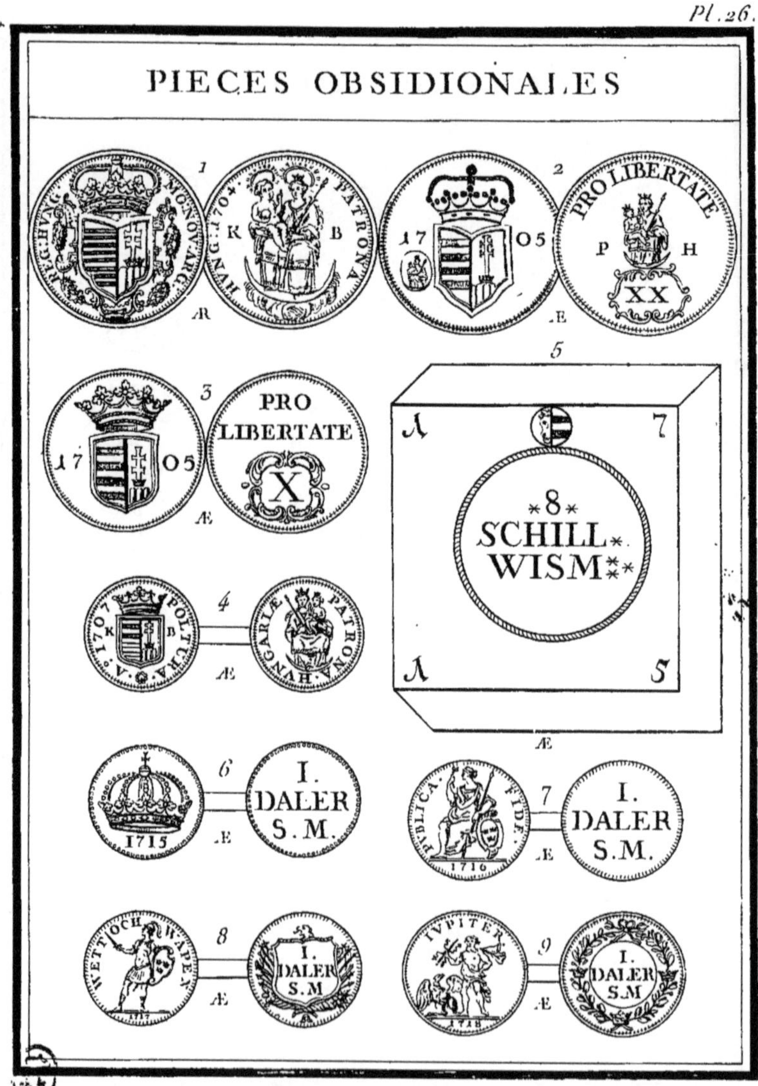
PIECES OBSIDIONALES
1
REG·HVNG· MONO·ARG·
HVNG·170· PATRONA
K B
Æ
2
17 05
PRO LIBERTATE
P H
XX
Æ
3
17 05
PRO
LIBERTATE
X
Æ
4
1707 POLTURA
K B
HVNGARIÆ PATRONA
Æ
5
7
5
8
SCHILL
WISM
Æ
6
1715
I.
DALER
S.M.
Æ
7
PUBLICA FIDE
1716
I.
DALER
S.M.
Æ
8
WETT OCH WAPEN
I.
DALER
S.M
Æ
9
IVPITER
1718
I.
DALER
S.M
Æ

PIECES OBSIDIONALES

RECREATIONS NUMISMATIQUES

RECREATIONS NUMISMATIQUES

RECREATIONS NUMISMATIQUES

LVD.XIII
REX PIVS
IVSTVS
INVICTVS.
ARIA VNO A°
BIS OBSES.
1641.

NIC·A·TVRC
ET·GAL·OBS·
1543

RECREATIONS NUMISMATIQUES

www.ingramcontent.com/pod-product-compliance
Ingram Content Group UK Ltd.
Pitfield, Milton Keynes, MK11 3LW, UK
UKHW020125200726
13856UKWH00002B/738